scripto

Claire Castillon

# GÉOGRAPHIE DE LA PEUR

Gallimard

1

*Je me détache.* Deux pompiers posent leurs mains sur mes yeux et les retirent d'un coup. «Pupilles non réactives. Vous avez mangé à midi? Est-ce que vous avez bu de l'alcool? Consommé de la drogue? Vous avez des maux de tête?» Je me remets à pleurer, parce que *Je me détache.* C'est la seule chose que je leur dis. Je dois lâcher le pompier pour monter dans le camion. Je gémis en essayant d'attraper le bord du brancard. Je le serre. Il faut que je me tienne. Si je lâche, c'est dans un ravin que je tombe. Pourtant, je suis sur une civière. Le monde est stable autour. Mais le ravin m'aspire et je dégringole sans jamais arriver en bas. Je gémis pendant la chute qui n'en finit pas.

J'habite une cage invisible dont j'ai moi-même dessiné les contours afin de me protéger de mon cerveau. Il ne fait pas la différence entre le réel et l'imaginaire, alors la moindre émotion le retourne contre moi. Je souffre d'agoraphobie, doublée d'un TAG, mais pas un tag sur un mur de la fac où quelqu'un aurait écrit «Maureen pue des neurones», non, un TAG qui signifie que mon cerveau me maltraite. Pourtant, si j'appelle le 3020 pour dénoncer un harcèlement, on me demandera de ne pas recommencer. Ce numéro a pour vocation de sauver des personnes *véritablement* menacées.

Je souffre d'un TAG que ma mère appelle VAG parce qu'elle trouve que ça ressemble davantage à ce que j'ai. «Sur les vagues, tu surfes, tu as toujours été fantaisiste, prends-le comme une récréation.» Variation Amusante Géniale, brode-t-elle, plutôt que de s'avouer la vérité : TAG = Trouble Anxieux Généralisé. «Et puis *généralisé*, c'est quand même très extrême», ajoute-t-elle quand mon TAG du lundi vient pourtant anéantir tout espoir de partir en cours. C'est aussi valable le mardi.

Mon cerveau fabrique du danger. Quand je suis dans la rue, il n'arrête pas d'avoir peur. Dès que je sors, c'est comme si je tentais d'arrêter la course d'un camion qui me fonce dessus. Sauf qu'il n'y a pas de camion. Alors j'arrête ce qu'il y a autour : moi. Je ne peux pas continuer ma route. Fuir est mon seul réflexe. Désespérée, je me rue à la maison. Mais c'est comme si j'avais de la colle sous les pieds ou que je m'enfonçais dans le trottoir. Rien ne tient. Ni le sol, ni les murs, ni le ciel. Un nuage bouge et toute ma vision se fracasse. Comparés à une crise de panique, les plus grands manèges à sensation sont une blague. Généralement, ma force d'accélération remplace ma raison et je rentre chez moi à toute vitesse pour garder l'équilibre. J'arrive dévastée mais réaliste: je n'ai pas échappé à des flammes ou à des tirs. Je me retrouve alors devant des visages familiers qui ne se rendent pas compte que je viens de livrer une bataille sincère mais absurde contre la mort. J'ai envie d'arracher le papier peint qui les recouvre parce que leurs figures sont soudain étranges, trop précises et trop factices à la fois.

Parfois, je ne parviens pas à fuir et je reste immobile, cherchant du secours à proximité. Je m'accroche à des inconnus ou à mes amis. Mais dès que je me jette sur quelqu'un pour ne pas être absorbée par la matière qui m'entoure, il s'efface. Et mes parents deviennent si flous que je me demande s'ils sont réels. Quand je me *détache* de moi-même, me collant à eux afin qu'ils me maintiennent au sol et que je cesse de reculer, aspirée par une main plus puissante que ma volonté de rester sur terre, leur rire m'arrive en bocal, avec l'écho exact des films d'horreur. Ou des films gores, parce que j'ai des parents lourds qui choisissent pendant mes crises l'option

ODLA: On Détend L'Atmosphère. «Non Maureen, tu ne te détaches pas, y a bien tous tes morceaux», affirme mon père. Et ma mère fait désormais comme lui: «Regarde tes jolis pieds! Ils sont là tous les deux, avec leurs onze orteils.» Onze, afin d'appliquer la méthode d'un médecin *efficace* qui a recommandé à ma mère, quand l'angoisse survient, de la détailler avec moi, au lieu d'*amplifier le malaise par une attitude trop empathique*, et pourquoi pas en comptant. «Compte! Combien sont les fourmis dans ton dos? Donne-leur un prénom! Ça pique ou ça brûle? Et ton cœur, il bat fort, d'accord, mais il bat comment? Comme un ballon qui rebondit? Comme des yeux sur ressorts dans un dessin animé? Et le vertige, il penche vers le bas, vers le haut, gauche, droite? La main qui t'attrape pour t'empêcher d'avancer, est-elle froide, chaude, poilue, plus grande que la tienne? Elle t'attrape par-devant ou par-derrière? C'est une ventouse? Ah! Ben voilà! On a qu'à l'appeler Ventousa! Alors, raconte un peu, qu'est-ce qu'elle fait dans la vie, Ventousa?»

Elle me guette, elle arrive, non, elle n'arrive pas, elle me tombe dessus. Depuis quelques jours, ma peur du dehors m'attrape parfois dans la maison. Je ne sors plus, logique, elle vient à ma rencontre. C'est comme une cloche sur un plat. Elle descend sur moi et me plaque au lit. Alors je rabats la couette sur mes yeux. Ma plus grande peur, les yeux fermés, c'est qu'un jour le TAG entre écrire sous mes paupières des choses indélébiles qui couleront dans ma bouche et m'étoufferont. Il n'y aura pas d'autopsie, parce qu'on croira que j'ai moi-même déchiré mes yeux. Elle est morte folle, on ne sait pas ce qu'elle a eu. Sans doute un *truc*.

L'épaisseur de la frontière se densifie entre les autres et moi. Mes amis sont lassés de mon agoraphobie et pour eux c'est devenu mon *truc*. Axelle m'a dit qu'avec mon *truc*, ce ne sera pas pratique de me ramener à la maison pendant la fête d'Illiès, samedi. On dort tous là-bas. «Tu pourras t'enfermer dans la salle de bains mais on sera nombreux, ce ne sera pas idéal pour t'isoler. C'est toi qui vois.» On était au téléphone et l'espace entre nous est devenu opaque, d'une de ces matières plâtreuses que nous confectionnions, enfants, inscrites au même cours de bricolage du mercredi pour ne surtout pas nous quitter une journée. On inventait des têtes à plusieurs visages, puis on leur plantait des aiguilles à tricoter dans le crâne. La semaine, on allait à l'école, le mercredi on faisait de l'art. Le week-end, on se recevait entre copines. On était bien complètes.

Les autres préféreraient que j'aie une maladie vérifiable, comme une atteinte dégénérative. Moi aussi je rêve d'une maladie qu'on peut combattre, pour laquelle il existe des traitements. Mes symptômes sont si compliqués à expliquer que généralement les gens les balaient de la main en les comparant à une chute de glucose. Ma mère a mis des mois à comprendre que le petit déjeuner complet qu'elle m'oblige à avaler ne change rien. Quand je sors, je suis obligée de faire demi-tour presque immédiatement. Je ne peux plus traverser une rue. Et je me sens tellement irréelle que j'ai envie de me prendre ce camion fou qui ne me fonce pas dessus, afin que tout s'arrête.

Le pire n'est pas d'être quittée par tous ou par le monde. Le pire est de ne pas pouvoir vivre avec soi. Je m'apprête à mourir dans la folie.

2

Depuis dix-neuf mois, tout flottement entraîne une crise. Conclusion, je compte. Ma journée se passe à empêcher mon cerveau de s'égarer. Si je lis, si j'écoute de la musique, si je regarde un film ou rêvasse, en clair, si je ne suis pas parfaitement concentrée sur une réalité, elle se venge. Elle percute ma pensée et la brutalise si fort que je réfléchis ensuite par explosions. Je n'héberge alors plus un cerveau mais un multiplicateur d'angoisses. Si je bois de l'alcool, du coca, du thé ou du café, c'est pire. Le multiplicateur enchaîne les crises. On m'a conseillé de choisir un moment de calme pour représenter par l'art plastique mon cerveau en panique. J'ai percé une boîte d'allumettes, enfoncé chaque allumette dans un trou, je les ai inclinées pour que leurs bouts se touchent entre eux, et j'ai allumé.

Après les étincelles, la boîte est cramée. Voilà pourquoi je dors beaucoup. Quand je me réveille, je compte, je recompte, je décompte, mais je ne raconte surtout plus. Parce que j'ai compris que ce dont je souffre n'est pas attirant. Pour ma part, si quelqu'un me disait «Dès que je sors de chez moi, j'ai des crises de panique et je me détache de moi-même», je l'interrogerais : Est-ce que ça fait mal ? Tu te détaches comme un scotch ou comme une tache de cambouis ? Contente de m'entretenir avec un fou disposé à s'exprimer, je l'assommerais de questions. Si je souffrais des séquelles d'un AVC, les gens formeraient un groupe de soutien WhatsApp. Je serais la fille dans la cour qui a des béquilles et que tout le monde entoure, afin de lui emprunter ses cannes mais aussi pour faire partie des gentils. Au contraire, les visages se ferment. Mon problème n'est pas attrayant comme des béquilles et il m'isole. Peut-être parce qu'il n'y a pas de mots pour expliquer mes crises, à part «agoraphobie» qui entraîne générale-ment un «C'est quoi ?» ou un «Je vois». Le «Je vois» sort d'une personne qui connaît le mot «phobie» et le méprise, parce que c'est psychologique. D'ailleurs, la personne le dit : «Je vois, c'est psychologique.» Je peux aller me rhabiller avec mon truc qui n'existe pas. Quelquefois je m'humilie devant ces per-sonnes en expliquant que j'ai aussi un TAG, Trouble

Anxieux Généralisé, bien pire qu'une maladie, et que je rêverais de souffrir d'un mal plus concret. Afin de montrer combien c'est invivable, je réunis dans une même phrase les mots «angoisse», «vertige», «dédoublement», «film d'horreur», «image saccadée», «son d'aquarium», et quand j'arrive à «déréalisation», je les perds. Ainsi, ils n'ont pas le temps d'entendre «dépersonnalisation», et c'est peut-être mieux, parce que Nissa, la dernière personne qui m'a écoutée jusqu'au bout, m'a répondu quelque chose qui ne m'a pas tellement aidée: «De toute façon, depuis le primaire, on te trouve bizarre, ça doit venir de là.»

Certainement. Ça vient sûrement de là. Depuis que j'ai rencontré Nissa, en CE2 si ma mémoire est bonne, je couve cet état pourri que tout le monde avait remarqué, sauf moi. J'attends le moment où on va m'annoncer que la terre entière le pressentait quand je passais mes récrés aux toilettes pour fuir la foule et le bruit, et que j'ai été affectée au poste de tarée par une instance supérieure qui régit pas mal de choses, dont moi. En plus de me pourrir la vie, mon TAGagoraphobie, qui est beaucoup moins rigolo qu'un tamagotchi mais tout aussi contraignant, me rend parano. Quand j'ai une crise de panique, mon corps se met en état de fuir mais souvent je ne peux pas. Soit parce que je suis en cours de conduite, – mais ça aussi c'est terminé, depuis que j'ai traversé un rond-point par son diamètre; j'avais des fourmis partout et je n'ai pas pu tourner le volant –, soit parce que je suis dans le métro. Alors je ne bouge pas. Mais mon corps qui s'est préparé à fuir devient fou d'être contraint à l'immobilité. Il se tétanise. Et même si tout se relâche à un moment et que le temps maximal d'une crise est cinquante-deux minutes, comme explique *takalefaire.com*, le site des détachés comme moi, dans ma tête la sensation reste: ça peut me retomber dessus à tout moment. Je suis tellement déstabilisée de savoir que je suis capable de déborder et que je ne sais pas me contrôler. Et j'ai tout le temps peur d'avoir peur.

En tout cas, j'ai bien choisi mon moment pour commencer à être folle. C'était le jour de la rentrée à la fac. Seuls les gens séparés du monde par cette frontière imaginaire peuvent comprendre. Je ne sais pas s'il y en a beaucoup, car mes conTAGriotes ont sans doute pigé comme moi qu'il faut éviter d'en parler. Nous, les géographes de la peur, nous nous croisons sans nous reconnaître. On fait tellement d'efforts pour avoir l'air normaux. On veut bien être fous si on nous endort pour toujours, mais à moi, en tout cas, on a promis que je n'étais pas folle et, encore mieux, qu'aucun traitement radical n'existait pour guérir mon problème. Ni piqûre ni cure de sommeil. J'en réclame durant les crises.

– Endormez-moi, je vous en supplie !

– Mais non, c'est pas l'heure, me répond ma mère, tu feras dodo ce soir.

Alors mon obsession est que les gens ne remarquent pas que mon cerveau est comme leur voix, dilué à côté de ma tête, mais qu'il m'envoie quand même des sons et des images, sauf qu'il les place dans l'ordre et au rythme qu'il choisit.

J'arrive dans le hall de la fac, mon sac sur l'épaule, mes bottines bleues aux pieds, celles que je n'osais pas mettre en terminale mais là, ça y est, je m'affirme. J'arrive, prête à me passionner pour le droit que je n'ai pas choisi – on m'a convaincue qu'il avait plus de débouchés que l'italien et que je pourrai toujours, après quelques années, me spécialiser en droit italien –, quand soudain je m'effondre. Mais debout. Le corps debout et l'intérieur ratatiné dans les pieds, comme des bas de vieille en accordéon sur ses pantoufles. J'ai l'impression que mon cerveau a bougé. Il a forcément glissé pour m'empêcher d'avancer et de reculer. Ma main sur le front, j'entends des camarades dire « C'est par là », mais leur son est séparé d'eux et, bien que happée par le flot, je ne peux pas franchir la porte de l'amphi.

J'agrippe le bras de Raphaël. Étonné, il plaisante

parce que je n'ai pas l'habitude de le toucher. On ne se plaît pas, mais on habite dans la même rue et on a fréquenté le même lycée, alors on s'est donné rendez-vous pour le jour de la rentrée en droit.

– Je suis bizarre, c'est bizarre.

Je pose mon front contre son épaule. Il se dégage, et repousse mon bras.

– Hé Maureen, je suis désolé mais ça ne va pas le faire, j'ai pas du tout la tête à ça.

Il pense que je le drague. Je tends la main vers lui, l'autre toujours en visière devant mes yeux pour les protéger de quelque chose, pendant qu'il croit que c'est une déclaration. Je me ratatine au sol pour rejoindre mes bas de vieilles. En boule par terre, je l'implore :

– Aide-moi, appelle les pompiers, je fais un malaise.

Il me relève et il me dépose sur un banc.

– Les pompiers, t'es sûre ? Le cours va commencer.

Je ne peux pas entrer. Il n'insiste pas.

– Il doit y avoir une infirmerie, vas-y ?

Mais je me sens mieux, le dos contre le mur. C'est juste un coup de mou.

– Je te rejoins.

Il est déjà parti.

En fait, je n'y arrive pas. Je n'y arrive jamais. Je reste sur le banc. Chaque fois que j'essaie de me relever, le hall penche. J'ai quelque chose au cerveau. Je vais sans doute mourir dans les heures qui viennent. Personne ne remarque que je suis bizarre. Je fais déjà tout pour ne pas l'être. Je ne sais pas où est l'infirmerie. J'ai très envie de dormir. Je pourrais aller à la machine à café, mais il y a de la brume. Si je me lève, le malaise reviendra sûrement. Il se passe quelque chose de suspect. Je me sens intégrée au décor, mais pas comme une personne, plutôt comme un élément. Si c'était un infarctus, je serais déjà morte, non ? Alors qu'est-ce que j'ai ?

Deux heures plus tard, Raphaël sort de l'amphi. Je me lève, mais aussitôt prise dans la vague d'élèves quittant la salle, je bascule à nouveau. Je m'accroche à lui. Je sens que je l'énerve, mais on prend quand même le métro ensemble pour rentrer. Je lui raconte ce qui s'est passé, cette impression de quitter le monde, de m'évanouir sans jamais arriver au bout de l'évanouissement. Je lui décris le vertige insupportable, un vertige à l'intérieur de moi, et des sons qui me parvenaient décalés des bouches, à la fois tamisés et plus forts. Je cherche dans ce que j'ai mangé. Et puis j'ai mal dormi cette nuit. Sinon, j'ai trop bu à la soirée de Lucky-Tom, c'est peut-être ça ? Raphaël rigole : « C'était en juin ! » Il clôt le sujet : « Demain, ça ira mieux. »

Mais, à nouveau, je m'accroche à lui, je me *détache*, je gémis et je me recroqueville au sol. C'est comme le vertige dans un téléphérique mais on est dans le métro et je viens de me ratatiner au pied d'un carré de quatre personnes, alors des gens m'obligent à me relever et me sortent de la rame. On m'assoit sur le quai. Je me souviens que ma mère conseille, en cas de malaise, de s'allonger de tout son long, même dehors, alors je glisse sur le sol. « Elle est droguée ? » demande quelqu'un à Raphaël dont j'agrippe à présent la cheville avec mes deux mains. J'entends qu'on appelle les secours. Je continue à m'accrocher aux jambes qui m'encerclent. Une dame s'accroupit, me prend la main. Je pleure parce que je m'enfonce dans le sol, je panique parce que les murs s'élargissent et que les gens s'estompent.

– Vous avez mal quelque part ?

– Je me détache.

Aux urgences, on me fait des tests. Rien à signaler. Qu'est-ce que j'ai ?

– Ne t'inquiète pas, tu vas très bien, ça arrive souvent les petites crises de panique chez les jeunes.

Petites ? L'infirmière a du monde à voir. Je suis fatiguée et j'attends ma mère. Quand elle arrive, j'espère encore que les médecins m'ont caché la vérité et que j'ai une maladie grave, mais à son visage je comprends qu'il n'y a pas d'inquiétude. « Tu vas me faire le plaisir de m'écouter et de prendre un petit déjeuner consistant désormais. »

Je la tiens par le bras pour rejoindre la voiture. Le monde est redevenu normal, mais il reste un léger décalage dans le décor. Je refuse de le voir. Pourtant je fais désormais partie d'un autre univers. Assise à côté de ma mère, dans la voiture, je suis là et je ne suis pas là. Car je suis dans une bulle.

Depuis dix-neuf mois, avant chaque tentative de sortie, je me déshabille. Plus je me fais légère, moins il y a de poids pour empêcher mes pieds d'avancer. C'est ce que je crois. J'ai peur que le croire ne produise une crise. J'ai peur que la crise comprenne que j'ai trouvé cette méthode contre elle et me punisse. Je pense que si je trouve n'importe quel subterfuge, la crise me l'interdira. Elle m'interdit de crever la bulle. Désormais, c'est elle qui décide.

**3.**

Le moins flou dans tout ça, c'est Jérôme, le seul ami qui a décidé de profiter de ma maladie pour rester avec moi pour toujours. Sans doute qu'il a senti la brèche. Avant d'être une TAGueuse, je lui concédais un café tous les deux mois. Il fallait qu'il tente sa chance plusieurs fois avant que j'accepte, reconnaissant qu'il est sympa et raconte des choses pas ordinaires. Moi, en échange de ses récits de concerts ou de cinéma, pour bien cadrer notre relation, je lui racontais mes crushs. À force de m'écouter parler d'Alban en restant compréhensif, il finira certainement avec une fille fragile et chiante, un peu comme moi, qui lui gâchera la vie. J'aime le regard fermé d'Alban. Et ses maxillaires qui remuent même quand il ne parle pas. Jérôme, lui, ressemble à un panda. Il a des épaules en bouteille. Sauf que Jérôme m'appelle au moins trois fois par semaine.

Il m'apporte des parts de gâteau, des pages de journaux, des livres, des musiques. Il est gentil et cultivé. Il a bon fond, a dit ma mère. Je lui plais mais ça ne marchera jamais, parce que chaque fois qu'il arrive chez moi, je pense à une libellule. Quand Alban passe, enfin passait, pas chez moi mais dans la rue, je voyais un missile antimissile.

Puisque je suis prisonnière de mon domicile, je reçois des gens dans le salon, comme au parloir. Jérôme s'installe sur le canapé, moi dans le fauteuil, dos à la cheminée et le plus loin possible de la fenêtre. Il prend toujours soin de me demander si ça va, si j'ai pu tenter une *expo* depuis sa dernière visite. Les *expos* ne sont pas des sorties culturelles. Ce sont des expositions au danger. C'est-à-dire franchir la porte cochère de mon immeuble, traverser la rue, aller jusqu'au supermarché, essayer d'y entrer, ou bien passer un pont, une place, lâcher le bras de la personne qui m'accompagne, et la liste est longue. Les *expos*, c'est aussi une idée du docteur du comptage de fourmis, le docteur *efficace* donc, parce que ma mère trouve que le psy, « c'est très bien pour se faire plaisir en creusant, mais ça n'avance pas assez vite ». Par ailleurs, certains disent que chercher la cause peut s'avérer décevant. Elle les croit. Quand je le répète à mon psy, il me demande : « Et vous, qu'est-ce que vous en pensez, vous ? »

Quand je raconte mes attaques de panique, Jérôme est gêné, comme les autres, mais il a une façon délicate de changer de sujet. Dès que je sens qu'un de mes mots le perturbe, j'insiste avec mon petit sadisme. «Quand j'ai une crise, Jérôme, c'est comme si j'étais fusillée: je vois l'arme en joue, j'entends le coup tiré et j'attends la balle qui n'arrive jamais. Du coup, je réfléchis par déflagration.»

Si ma mère débarque à ce moment-là, elle demande si je n'ai pas quelque chose de moins nombriliste à raconter à Jérôme. Pensant clore le chapitre de l'agoraphobie une bonne fois pour toutes, elle explique à Jérôme que, par moments, mon cerveau s'empare de moi sans raison. Je réagis alors exactement comme un cheval surpris par l'apparition d'une fleur. Mon esprit se met en alerte devant une menace qui n'existe pas et entraîne tout mon corps. En gros, je panique comme si un camion me fonçait dessus. Alors qu'en fait il y a juste une fleur. Si ma mère quitte la pièce, je complète le tableau: «Tu sais, Jérôme, ma vie est un enfer. Je peux prendre telle rue, mais pas telle autre. Je peux traverser là, mais pas là. Je ne peux pas passer devant Orange depuis que j'ai eu un malaise dans la boutique. Quand je vois le logo, même sur Internet, je commence à me *détacher*. Et le pire, tu veux que je te dise? C'est qu'avant, ça ne rentrait jamais dans la maison. Mais maintenant oui. Parfois, ça m'attaque ici. Il n'y a plus un endroit au monde où la vie ne me quitte pas. »

Il me regarde avec ses yeux de panda. Il demande si je veux qu'on aille faire une *expo*. Il aime me donner le bras, je sais que c'est pour ça. Je refuse, mais si ma mère entend, elle s'en mêle : « Mais oui Jérôme, très bonne idée. Allez, on se bouge Maureen, tu as la chance d'avoir Jérôme qui peut t'accompagner donc tu ne risques rien, sors ! »

Il est sincère quand on se retrouve en bas de l'immeuble. Au bout de deux mètres, j'enfouis mon nez dans sa manche. Mais il n'insiste pas pour me garder contre lui plus longtemps. Il dit que deux mètres, c'est un bon début, et il accepte de faire demi-tour.

Dommage pour la libellule. Franchement, c'est le seul gars sur terre qui s'intéressera jamais à moi. Même quand je m'énerve contre lui en pleurant tout ce qui n'a pas craqué dehors et en l'accusant de m'avoir forcée. Je lui demande de ne plus revenir m'emmerder. Il répond que ça va aller. Après, je m'excuse : « Mon cerveau fabrique de la peur. Pardon mais quand ça vient, je n'arrive plus à organiser mes pensées. » On dirait Phèdre. J'étais chouette, avant, équilibrée je crois. Un peu angoissée sans doute, mais j'étais facile.

Plus tard dans l'après-midi, il dit qu'on devrait imaginer la sortie avant de la faire en vrai. Mais je le vire, parce qu'il faut que je dorme. Mon psy m'a expliqué que mes crises étaient énergivores. «Au moins, il enrichit ton vocabulaire», a dit ma mère qui remercie longuement Jérôme sur le palier. Et je nous imagine dans dix ans, un dimanche à la campagne, avec lui qui vient de regonfler les vélos, et elle, embêtée de lui demander encore un service: «Mon Jérôme, et si tu nous cueillais des pommes – non, pire, des poires! – pour faire une tarte?» Il s'éloigne vers un champ, dans sa chemise écossaise avec ses bottes de chasse, armé d'un panier. Et moi, assise à l'ombre d'une tonnelle, je caresse mon ventre rond en guettant un missile antimissile. «Ne t'inquiète pas, Jérôme. Ça lui passera, et merci d'être venu. Pour toi, c'est vraiment pas marrant», lui dit ma mère avant d'ajouter: «Dîne avec nous la prochaine fois?»

4

Je vivrai chez mes parents toute ma vie. Je n'aurai jamais de métier, ni d'enfant. Refusée par les fous et séparée des normaux, je vais rester inerte, inutile, à compter le nombre d'arêtes sur les murs, le nombre de plis en haut du rideau, de crochets quand le rideau est dans le lave-linge. Et les minutes qu'il me reste avant que ma mère dise : « Mets ton manteau, il ne fait pas si chaud que ça, allez, on y va. »

Mardi, 11 heures, Dr Mary. Comme si c'était normal d'avoir des rendez-vous chez le psy, le mardi à 11 heures, pour une fille de dix-neuf ans. Je déchire ma jeunesse. Quelquefois, ma mère s'énerve. Elle n'a pas toujours envie d'être patiente. Quand en approchant de la porte je ralentis le pas, elle s'agace :

– Accélère ! La voiture est garée à dix mètres, un peu de nerf !

Ça, je ne peux pas l'entendre, parce que j'habite

dans un *enfer émotionnel*. C'est le terme employé par sa copine qui est dans le médical, donc elle devrait respecter ça. «Mets un peu d'humour, zut!» objecte ma mère. Je ne mettrai plus jamais d'humour. Je dois rester sans second degré, sans rêve, sans rien de décalé par rapport à ma réalité déjà complètement tordue. Même une histoire de Toto est irrecevable en ce moment, parce qu'elle n'est pas réelle. Alors je m'énerve.

– Dis pas que dix mètres c'est rien!

Je compte les boules de crépi sur le mur de l'entrée de l'immeuble en sentant mes larmes déborder.

– Ça va, détends-toi, flûte à la fin! me lance ma mère, avant d'adoucir le ton et de me dire: OK, on fait une pause, reprends tes esprits.

– C'est pas mes esprits!

Mon *frein à stress* ne fonctionne pas. Sa copine du médical le lui a aussi expliqué. Ma mère avait l'air impressionnée et moi, j'étais contente qu'elle comprenne enfin quelque chose à mon problème. Mais la ponctualité est plus importante que le reste chez elle, et l'heure tourne, alors c'est de ma faute. On va être en retard.

Elle accepte que je m'accroche à son bras. Je préférerais qu'il pleuve pour abaisser le parapluie devant mes yeux et avancer sans rien voir. Je l'ouvre malgré le beau temps. Mais ma mère le dégage immédiatement:

– Ah non, range-moi ça, on a l'air de quoi?

Une fois la portière de la voiture fermée, je profite d'une accalmie. Je pose ma tête contre la vitre mais ça va reprendre. Je ne supporte pas les moyens de transport. Elles sont tarées, ces boîtes transparentes à roulettes. Dans la voiture, mes jambes se tendent et durcissent, mon dos s'enfonce dans le siège. J'ai l'impression d'être en mer, ça tourne, je ferme les yeux pour tout effacer, mais c'est moi qui m'efface. Ma mère me tapote la cuisse, elle voit que je pars trop loin.

– Tu sais Maureen, ton angoisse pourrait être un moteur, regarde les acteurs, regarde la Comédie-Française… Dans mon club de théâtre, quand j'avais ton âge, on se donnait des trucs avant de monter sur scène. On avait chacun son petit remède au stress. Moi, c'était de faire *beuh-beuh-beuh* avec la bouche jusqu'à ce que je rigole.

Elle ne comprend rien. Personne ne veut admettre que tout est devenu absurde. Et pas seulement la ville qui me saute à la gueule avec trop de détails. Depuis que je suis agoraphobe, les maisons ont des visages, les immeubles des handicaps. Je trouve tout bizarre, les décors sur les vitrines, les panneaux, les signes sur les panneaux. Les mots de la ville, les dos-d'âne, les bateaux, les culs-de-sac. C'est impossible que je sois la seule à voir que tout est fou. Les jets de foule qui sortent de sous les trottoirs, descendent des bus, courent dans le même sens ou se percutent. Les gens qui mangent en parlant, serrés aux terrasses, sur les places, au bord des voitures qui klaxonnent. C'est trop de mouvements. Je ne peux pas entrer dans le flux. Je ne suis plus capable de participer à ce grand infini. J'ai des rêves de plus en plus cons. Ah! si seulement on fabriquait des voitures opaques! Ah! si seulement un gros mur derrière la porte de mon immeuble m'empêchait de passer! Ah! si seulement je pouvais me téléporter chez le psy sans sentir le voyage!

Au bout d'un moment, mon corps se relâche. J'ai le cerveau épuisé. Je m'endors à force de me demander comment je vais faire pour marcher de la voiture à l'immeuble du psy. Parfois, ma mère me dépose sur le trottoir d'en face. Alors que le Dr Mary habite une avenue très large. Elle joue mal la comédie. « Grouille Maureen, descends! On va me klaxonner! Je t'attendrai ici à 11 h 45! » Tout ça pour me coller une *expo* d'office. Mais je ne me laisse pas faire. Je lui demande de faire le tour. Si elle refuse, je finis par descendre, furieuse, puis dévastée, et je m'accroche au feu. En pleurant, j'alpague une personne : « Pardon mais j'ai des vertiges, est-ce que je peux vous donner le bras pour traverser ? » En général, les gens acceptent, mais ils me lâchent brutalement de l'autre côté. Ils ne savent pas que les gens sur les trottoirs m'effraient bien davantage que les voitures sur les routes.

J'ai vingt minutes d'avance et le psy n'ouvre jamais sa porte avant l'heure. Plutôt que d'attendre debout dans son hall de marbre blanc qu'il a fait bâtir exprès pour que je patiente dans le pire du pire en matière d'espace menaçant, avec un vertige vertical, horizontal et diagonal, j'entre au cimetière et je m'assois sur le premier banc. Je passe vingt minutes à me demander comment traverser la rue Froidevaux qui me sépare encore du cabinet. Elle est étroite, il y a un feu. De là où je me trouve, je peux voir quand il change de couleur. Donc je compte le nombre de secondes pour réussir ma course banc-passage piéton et traverser au moment du feu rouge. Mon cœur s'emballe. Mes mains fourmillent. Non, je ne vais pas mourir, mon organisme est tout à fait prévu pour supporter une tachycardie. C'est juste un sprint.

Je compte dix-sept secondes de temps de feu vert, puis je me lève et cours au passage piéton. Mais j'ai couru trop vite, et le feu n'est pas passé au rouge comme prévu. Il est orange, et des voitures roulent encore. Je dois m'arrêter. Je m'accroche au feu. Après, je suis bloquée.

Arrêter une course empêche tout redémarrage. Je me recroqueville au sol. Personne ne va me ramasser. Un homme me demande si j'ai perdu quelque chose. «J'ai un problème de lacet», dis-je sans me relever. Je porte des baskets à scratchs. Je recalcule les temps de feux en me conditionnant pour partir d'un bond, depuis ma position accroupie, comme sur des starting-blocks. Mais je dois attendre plusieurs séries de rouge et de vert, parce que je suis complètement paralysée. À un moment, ça marche.

J'arrive chez le psy en pleurant. Je me calme dans l'ascenseur. Je ne sonne jamais à sa porte. Il a entendu l'interphone et sonner à sa porte fait doublon. Alors j'attends derrière. Parfois, c'est très long. Il ouvre avec une mimique étonnée. Il m'indique le placard où accrocher mon manteau. Le cintre bouge sur la tringle et me donne le vertige. Je n'ai jamais osé m'accrocher à mon psy pendant le vertige du cintre. Je ne comprends rien aux portes chez lui. Pourtant, elles ont l'air de lui poser un problème, aussi bien celle de l'entrée à laquelle je refuse de sonner que celle du placard à manteaux que je laisse ouverte. Il ferme celle de son bureau en me regardant, comme s'il voulait me montrer quelque chose dans sa façon de bien fermer cette porte-là. Je m'assois, je croise les jambes puis je les décroise pour faire comme lui, qui se tient très droit, une main sur chaque accoudoir. Il ne dit rien. Puisque c'est comme ça, moi non plus. Je ne peux pas le blairer parfois.

J'ai dix-neuf ans et il me laisse dans le silence, avec le fauteuil beige et bordeaux qui tangue et les larmes qui montent. Je pense à des phrases que j'ai déjà entendues. « Faudrait peut-être qu'elle se bouge le cul. » Parfois, il dit « Laissez venir », alors je pleure. « Pourquoi pleurez-vous ? » Je raconte l'épreuve pour venir. La route en voiture, les rues à traverser, tout ce blanc dans son hall et ses rituels avec ses portes. Il fait glisser la boîte de kleenex au sol. J'en attrape un. Je veux un psy qui habite dans mon immeuble. Il ne répond rien. Quelquefois, je raconte tous les malaises de la semaine. D'autres fois, je pense que c'est la même chose que la semaine précédente et je me tais. On se tait quarante minutes. À la fin, je tends le chèque rédigé par ma mère et il me dit que ce serait bien que je paie moi-même. Je lui réponds que ce sera faux. L'argent viendra quand même d'elle. Il insiste : « Ce serait bien que l'argent vienne de vous. » Je marmonne que je n'en gagne pas et, vu l'avenir qui se dessine, ce n'est pas demain que ça va changer. Il me regarde sans répondre. Il a l'air contrarié. Je repars, manteau, porte, ascenseur. Parfois, il attend que je sois à l'ascenseur, d'autres fois il referme la porte juste après moi. Je me sens vidée mais je suis déjà flippée, parce qu'à tous les coups ma mère s'est garée en face, de l'autre côté de l'avenue. Donc je panique.

Bingo. De l'autre côté du passage piéton, comme à l'aller. Je ne la regarde pas. Elle fait semblant de ne pas me voir. Arrivée au feu vert, je laisse passer les voitures, mais mes jambes commencent à cimenter. Elles ne forment qu'un avec le trottoir, sauf qu'il ondule, donc elles aussi. Je mets ma main devant les yeux, je tords la bouche, ça passe au rouge et je veux profiter des piétons, un à droite et deux à gauche, pour entrer dans leur flot et traverser avec eux, mais je rate. Je fais un pas avec eux, puis ils me dépassent et je reviens en arrière. Je fonds en larmes, alors ma mère descend de la voiture. Je m'accroupis au pied du feu. Une femme me demande si ça va, mais ma mère arrive en courant :

– Laissez, je m'en occupe, c'est ma fille. Elle a des petites baisses de tension.

Elle me soutient. Je pèse trois tonnes et je pleure en l'engueulant :

– Mais pourquoi tu m'as forcée à mettre mon manteau ?

5

Au début, je racontais mes délires à Axelle et on en riait, mais ça fait trop longtemps que ça dure et je ne l'intéresse plus. Pire, les rendez-vous chez moi se raréfient. Quand je confie à mon psy que je perds mes amis, il entrouvre légèrement la main pour que je développe. Je ne comprends rien à ce que j'ai. J'étais normale. Depuis dix-neuf mois, je cherche les causes. Enfance surprotégée. Parent phobique. Manifestation d'un déficit d'amour. Maltraitance. Abus sexuel. Peur de la perte de contrôle. Seuil atteint de capacité d'adaptation psychique. Je le lis sur Internet. Je lis tout, mais ça ne sert à rien. Et il paraît qu'à trop chercher les causes de son agoraphobie on est généralement déçu. Ce qui compte, c'est de la vaincre. Pourtant, j'ai envie de comprendre pourquoi ça m'arrive à moi. Quand je demande à mon psy si je dois chercher les causes, il me répond : « Et vous, qu'est-ce que vous en pensez, vous ? »

On a bien tenté de trouver d'où ça venait. Après mon malaise dans le métro et mon atterrissage aux urgences, je suis retournée à la fac. Le lendemain, Raphaël m'attendait en bas de chez moi. J'avais des galettes dans la poche pour 10 heures et un petit déjeuner sucré-salé dans le ventre. Mais j'ai tout de suite senti que j'étais séparée de lui par une sorte de voile. J'ai essayé de le crever, en lui racontant mon malaise de la veille, en riant fort, en me concentrant sur ce que Raphaël me disait. Je pensais aiguille, pique, pointe. C'était visuel : il fallait déchirer ce voile. Écouter Raphaël avec une oreille pointue. Le regarder en plissant les yeux pour chasser le flou. Toucher Raphaël, brutalement, pour que ma main avançant vers lui perce le voile. Mais rien. Je suis restée dans cette poche increvable, extérieure au monde, coincée de l'autre côté du décor. Du coup, j'ai senti mon sang qui remontait à la surface de ma peau.

Raphaël ne se rendait compte de rien. Et puis j'ai dû m'arrêter au milieu de l'escalier qui descendait dans la station de métro. Je me suis tenue à la rampe.

– Ça recommence, j'ai dit.

Il a fait la moue, par crainte d'être en retard ou par peur de devoir accompagner mon machin de folle encore une fois. J'ai attrapé son bras et j'ai marché jusqu'au quai. On ne parlait plus. Dans la rame, il n'y avait pas de place assise et j'ai fait des efforts pour ne pas enfoncer mon nez dans son épaule. Ça a tenu deux minutes. Et puis mon nez s'est enfoncé dans son bras et j'ai dit :

– Il faut que je sorte.

Il n'avait pas du tout envie de me ramener chez moi. Il m'a proposé de me remonter jusqu'à la surface avant de filer à la fac. Mais une fois dehors, il s'est impatienté trop brutalement à mon goût à cause de l'heure et il m'a dit :

– Écoute, je ne vais pas pouvoir être en retard. Je peux te laisser là ? Tu appelles ta mère ou tu prends le métro suivant quand tu te sens mieux ? On fait comme ça ? Ça te paraît bien ?

J'ai dit oui et puis je me suis ravisée, en me collant à nouveau à lui :

– Il faut que tu me ramènes à la maison, je ne vais pas réussir à rentrer.

Raphaël a proposé d'appeler les pompiers, mais je me suis assise par terre et je l'ai finalement laissé partir. Il ne se l'est pas fait dire deux fois.

– Tu es sûre ?

C'était barbare de me laisser sur les marches, alors il est revenu pour savoir si j'avais bien mon téléphone sur moi. Mais je ne pouvais même pas bouger les bras pour le sortir de ma poche. Il l'a pris et me l'a mis dans la main. Puis il est parti pour de bon. Les gens passaient. J'ai posé ma tête sous la rampe, contre le mur, j'ai fermé les yeux en couinant. Je ne pense pas qu'on m'entendait gémir mais moi je me demandais qui pouvait bien m'avoir égorgée pour que je sois devenue comme ça. J'avais si peur qu'on me force à dégager le passage que j'ai collé mon téléphone à mon oreille, les coudes entre mes genoux, le dos rond et la tête appuyée contre le mur, et je n'ai plus bougé. À un moment, j'ai été capable de téléphoner, et j'ai appelé mon père qui était déjà au bureau. Il a voulu m'envoyer un taxi mais j'ai dit que je n'arriverais jamais à monter dedans. Alors il est venu me chercher lui-même. Je me sentais mieux, mais je suis restée par terre pour qu'il n'ait pas le sentiment d'être venu pour rien. Il m'a ramassée et je l'ai tenu jusqu'à la voiture, mais le voile s'était dissipé. J'étais épuisée mais plutôt légère. Je n'ai pas osé lui dire que ça allait mieux. Dans la voiture, il a posé plein de questions pour savoir si j'avais des maux de crâne, si mon cœur s'était emballé. Inquiet, il est resté un moment avec moi. J'étais dans mon lit. Je me sentais tellement bien dans ma chambre que je me suis endormie.

Quand je me suis réveillée, il était midi et j'ai décidé de partir en cours l'après-midi. Mais je n'ai pas pu atteindre la station. Je me suis arrêtée avant la poste. Alors évidemment, quand ma mère est rentrée, elle a décidé de faire le tour des médecins, en commençant par l'ophtalmo à cause de mon descriptif bizarre.

– C'est comme si j'avais les yeux exorbités. Je ne vois pas normalement pendant les crises. Il y a les couleurs, les formes, mais c'est voilé !

– C'est flou, a conclu maman.

– Pas du tout. C'est net, mais c'est voilé quand même.

– C'est pas évident ton truc.

– C'est voilé mais ça ne se voit pas. Ça se sent.

– Arrange-toi pour être claire quand tu t'adresseras au médecin.

À la fin de la consultation, l'ophtalmo m'a lancé : « Jeune fille, vous avez ce que l'on appelle un *dreaming state*. »

Vous pouvez toujours chercher sur Internet, ça n'existe pas. Jamais personne n'a souffert d'un *dreaming state*. Nous sommes ressorties bredouilles mais contentes que je n'aie rien aux yeux. Et ma mère a pris rendez-vous chez un cardiologue. Là, elle m'a attendue dans la salle d'attente et j'ai fait un malaise pendant l'électrocardiogramme, mais je n'ai rien dit. Le médecin a retiré les électrodes et lorsque je me suis relevée pour aller me peser, il était à côté de moi. Je me souviens de ma culotte blanche et de m'être mise à pleurer, sur la balance, en expliquant «ça revient, ça recommence, je me détache», alors j'ai attrapé sa manche. Il m'a prise dans ses bras et m'a embrassé la joue. J'avais dix-huit ans et j'étais dans les bras du cardiologue qui me tapotait l'épaule en me disant: «Allez-allez, c'est normal à ton âge, c'est l'humeur, c'est fluctuant.» Il tenait mon corps en culotte dans ses bras. Je n'aurais jamais dû l'appeler au secours mais plutôt sortir de son cabinet, même en culotte, et courir vers ma mère. J'étais dégoûtée. Ma mère m'a expliqué qu'il était sans doute père d'une fille de mon âge et que mon émotion l'avait touché. Alors on est allées chez l'endocrinologue, une femme très douce qui a déclaré que je n'avais rien du tout, mais qu'il serait bon d'aller voir un psy.

Je suis arrivée chez le psy qu'elle avait recommandé. Le Dr Mary a diagnostiqué des crises d'angoisse. Il a proposé qu'on parle, *ici*, pour les faire partir. Il a ajouté que je n'étais pas folle, et que je n'allais pas mourir. Sur sa cravate, des phoques ou des otaries jouaient, un ballon sur leur nez.

Je ne vais pas mourir. Mais ça ne m'arrange pas. Je n'ai que deux envies. Qu'on m'interne, et qu'on m'abatte. J'aime beaucoup le Dr Mary, malgré les portes, les cintres, sa cravate et son ascenseur plein de miroirs qui rendent fou quand on se voit dedans à l'infini. Je parle, mais ça ne s'améliore pas. Je lui ai demandé si je suivais une psychanalyse ou une psychothérapie – question de ma mère. Il m'a répondu :

– Qu'est-ce qu'on fait à votre avis ?

J'ai répondu :

– On parle.

Et sa main ouverte a dit : « Voilà. » Ensuite, il m'a prescrit un cachet à avoir dans ma poche au cas où *ça* vienne. J'ai essayé d'en prendre un. Mais ça met au moins trente minutes à faire effet. Donc je ne le prends plus. Et j'ai bien trop peur que me shooter me détache encore plus de moi.

**6 .**

Avant, mon frère était une torture. Lourd, pénible, bruyant. Alex le pervers. Son jeu préféré : me faire croire que je respire trop fort quand je dors. Et on ne dort pas dans la même chambre. Mais je le croyais. Avant. Parce qu'aujourd'hui, grâce à mon tableau électrique complètement cramé, il me laisse tranquille. Avant, il se moquait de moi sans arrêt. Aujourd'hui, il a vingt ans et on dirait un aïeul. Ça fait bizarre à mon psy que j'utilise « aïeul ». Aïe, œil, il aime bien décortiquer certains mots alors je comprends que ça patine. Mais j'utilise beaucoup de termes inadaptés depuis que je suis TAGagora-phobe. Parce que je dénombre, certes, mais je lis aussi le dictionnaire. C'est le seul ouvrage, avec les encyclopédies ou les essais sur des sujets techniques (surtout pas le cosmos ou la vie sous-marine), que je peux parcourir sans risquer de déraper en pensée vers un monde parallèle duquel je serais rapidement rapatriée par une énorme baffe. Si je ne veux pas me dédoubler, je dois tout simplement empêcher tout dédoublement. Donc du concret. Du tangible. Je me rêve habitée par des lignes droites, inflexibles, auxquelles mon cerveau pourra se raccrocher avec confiance. Plus de chute, plus d'émotion, plus de recul. Il me faut un ministre des Finances ou de l'Économie à la tête de mon univers crânien qui doit impérativement devenir un lieu sans poésie, sans musique. Je rêve de faire le bruit d'une machine à écrire quand je pense.

Mon frère croit certainement qu'il a une responsabilité dans ma maladie. Il s'est pointé dans ma chambre, alors qu'accroupie entre mon lit et la fenêtre je tentais une *expo* en bord de vitre (fermée). J'aime bien essayer seule, sans la pression des autres qui s'énervent ou, pire, me félicitent d'avoir tenté alors que concrètement j'ai fait dix mètres, que mes jambes ne me portent plus, et qu'ils sont en train de me rapatrier jusqu'à mon lit. Alex s'est gratté la gorge en me lançant :

– Maureen, je tiens à m'excuser pour la fois où je t'ai dit que tu étais ridicule quand tu marchais dans la rue.

– Ah bon ? Quand ça ?

– Tu descendais du bus et on s'est croisés devant mon lycée, tu te souviens ? Tu marchais comme tu fais toujours, enfin comme tu faisais toujours, pas super naturelle. Et je t'ai imitée. Tu ne te souviens pas ?

– Non.

– Tu descendais du bus, tu as traversé la rue, tu es passée devant moi, et comme tu es habituée à ce que je ne te dise jamais bonjour, tu as légèrement tourné la tête, comme pour me faire croire que tu ne me voyais pas mais pour pouvoir me dire salut, quand même, si jamais je te calculais, mais je ne t'ai pas calculée. Par contre, je t'ai imitée. J'ai marché en glissant, enfin en imitant ta démarche…

– Ah.

– Oui, je t'ai imitée devant mes copains pour me moquer de toi, alors que tu descendais du bus et que j'aurais pu me contenter de te dire « salut ». Or non, je me suis foutu de toi, alors que tu marches comme tu marches. En cherchant bien, moi aussi, si ça se trouve, je suis ridicule quand je marche. Mais là, tu avançais comme une sorte d'animal ondulant sur patins et…

– Et tu vas me le répéter en boucle ?

– En fait, c'est pour te demander pardon parce que si tu n'arrives plus à marcher dehors aujourd'hui, c'est sans doute à cause de moi.

– Ben dis donc, t'as pas tous les pouvoirs quand même ! Je ne pense pas que mon cerveau soit assez con pour avoir disjoncté par ta seule faute.

– Et donc tu me pardonnes ?

– Je vais réfléchir.

Alex avait l'air tout content, peut-être soulagé, et il est ressorti de ma chambre. Alors je l'ai rappelé. Et il est revenu immédiatement, ce qui jusque-là n'était vraiment pas une possibilité.

– Oui Maureen ? Tu as besoin de quelque chose ?

– Tu te souviens que tu m'empêchais de respirer en trouvant que je faisais trop de bruit ? À force de faire de l'apnée pour t'obéir, je me suis désoxygénée et j'ai perdu une partie de mon cerveau.

Alex a fait le visage de papa quand je lui raconte un de mes malaises de bout en bout alors qu'il regarde une étape majeure du Tour de France, c'est-à-dire un visage qui voudrait être partout sauf en face du mien. Mais qui compatit quand même. Il s'est défendu :

– Peut-être que tu as raison Maureen mais ça m'étonne. Tu ne te doutais pas que c'était une blague ?

– Non.

– Alors pardon. Si je peux faire quelque chose… Surtout respire autant que tu veux désormais…

Je me suis sentie légère et j'ai posé ma tête contre

la fenêtre. J'ai regardé en bas, les gens qui roulaient et ceux qui glissaient, mais quand j'ai ressenti de l'émotion à être séparée d'eux par une hauteur de plusieurs étages, j'ai reculé. C'était trop d'étrangeté qui m'envahissait ; les ouvriers qui avaient bâti l'immeuble étaient là, tout autour, certains même en pause sandwich sur les échafaudages, comme sur les photos de New York en construction. Pour cesser de rêvasser, j'ai pris mon manuel de physique de seconde. Et j'ai lu la préface.

7

Axelle devait passer à la maison mais Léa vient d'arriver chez elle. Elles essaient des tenues pour la soirée de samedi. Samedi donc, la soirée d'Illiès chez qui *on* dort tous. «Viens nous rejoindre à la maison», me propose Axelle. Elle emploie cette méthode depuis plusieurs mois. Je sais très bien que mes parloirs l'ennuient. Mais ma mère m'empêche de la critiquer. Selon elle, Axelle n'imagine sans doute pas quelle galère cela représente pour moi de la rejoindre. Alors je vais tenter d'y aller. J'ai le petit pilulier vert dans ma poche, avec le comprimé censé me sauver du malaise si jamais je me *détache*. J'ai mon bob de pluie à bords larges et mous, qui me rétrécit le paysage en me fabriquant des œillères, un parapluie que je vais déployer malgré ce soleil à la noix… Et ma course à pied, désormais légendaire. Je porte des chaussures de jogging, que je choisis comme si je partais pour un trail de huit jours en montagne.

Axelle habite rue Traversière. Je peux y aller sans croiser aucun boulevard si je fais le détour par les petites rues. Mais pour ça, je dois courir. Le problème, c'est que le sprint nécessite tant d'anticipations et engendre tellement de stress qu'au moment où j'arrive, je commence à pleurer. Je fais une pause dans l'escalier. Léa est morte de rire en ouvrant la porte, comme si elle ne calculait ni le miracle de ma venue, ni mes yeux rouges. J'ai toujours le pilulier vert serré dans la main. J'essaie de partager leur délire autour des tenues mais je n'arrive pas à retirer la main de ma poche. J'ai cette image d'une bouteille de soda qu'il ne faut surtout pas secouer. Quand je suis à peu près stabilisée, avec ma pulpe au tiers, bien étale, j'ai l'impression que n'importe quel mouvement peut modifier mon équilibre général.

– Tu veux boire un truc ? me propose Axelle.

Au mot « truc », on dirait que les filles se souviennent que ça va de travers. Le voile est épais entre nous. Elles ne peuvent pas imaginer ce que je ressens, assise avec elles dans la chambre d'Axelle et pourtant totalement absente. Impossible de crever le flou entre nous.

– T'as l'air trop bizarre, me dit Axelle. Ça va ou t'as ton truc ?

Léa, elle, continue à monter le son de la musique. Je réponds d'un signe de tête que tout va bien. Je n'ai plus envie d'en parler. De toute façon, trop de mots me blessent quand mes copines me disent : «Ça doit être psychiatrique. Du coup, il faut que tu apprennes à vivre avec.» Et puis plus rien. Prendre de tels projectiles dans la gueule ne crève même pas le voile. J'essaie d'avoir l'air normale, mais ce n'est pas facile avec ma voix qui fluctue, du grave à l'aigu. Je suis obligée de ralentir mon débit pour la contenir bien au centre. Je parle et je sens des fourmis dans ma voix. Elles piquent, ça déraille entre les octaves.

– On sera nombreux chez Illiès ? dis-je.

– Tout le monde, répond Léa. Et même la bande de Paul.

Une façon détournée d'évoquer Alban.

La dernière fois que je l'ai croisé, c'était juste après le début de mes malaises, chez Lucile. Comme d'habitude, il mâchait ses maxillaires et les filles rigolaient parce qu'il paraît que dès qu'il arrive je change de visage. J'étais tellement mal que je suis partie me réfugier dans la cuisine. Les filles sont venues pour en rire avec moi. Elles ont vite compris que ce n'était pas une coquetterie, mais bien mon *truc* qui était revenu. Axelle a dû appeler ma mère, parce que je demandais qu'on éteigne les lumières, les lampes me rentrant trop profondément dans la tête. J'ai pu aller jusqu'au palier, en rampant contre le mur. À ceux qui s'approchaient, Axelle a expliqué que je ne me sentais pas bien. J'ai entendu des voix dire : «Encore ? Mais c'est quoi son truc à la fin ?» Aucune des voix n'est venue me serrer dans ses bras. Elles me regardaient de loin, me débattant comme une droguée. Je suis restée sur le palier. Axelle avec moi, un moment, et puis je n'ai pas voulu qu'elle reste plus longtemps, alors je suis descendue attendre ma mère en bas. Sans minuterie, j'avais moins le vertige dans l'escalier. Je me suis mise à courir. Mais d'autres copains sont arrivés. Quatre ou cinq qui ont rallumé et sont montés pendant que je descendais. «T'as pas encore ton truc quand même ?» a dit Raphaël que je n'avais pas croisé depuis la rentrée à la fac. Dans la voiture, alors que ma mère regardait l'heure : 21h02, en me félicitant d'avoir presque tenu jusqu'à 21h03, j'ai explosé de rage et de honte.

– Et tu crois vraiment que tu vas pouvoir rester dormir avec nous chez Illiès ? me demande Léa.

Si elle n'a pas confiance, je ne vois pas comment je vais y arriver. Ma mère m'a proposé de venir me chercher. Je peux l'appeler n'importe quand. Donc je réponds oui. Oui, je compte dormir chez Illiès.

8

«C'est Jérôme!» m'annonce ma mère avec le même entrain que si l'amour de ma vie rentrait de la guerre. Je soupire. Il me sourit. Exactement comme si je venais de l'accueillir gentiment. Mon sadisme n'a aucun effet sur lui. Jérôme m'a apporté un article sur ma maladie. Il l'a lu et ça l'a fait réfléchir.

– Mais tu fais des recherches sur moi ou quoi?

– Non, pas sur toi, mais ton symptôme est très intéressant.

Il a l'air si vieux. Il porte une chemise jaune pâle avec un pull bordeaux en V et un pantalon de velours vert foncé. J'ai envie de le prendre en photo. Son article à la main, il me résume ce qu'il a compris. En fait, j'héberge une personne que je n'ai pas invitée chez moi mais à laquelle j'obéis au doigt et à l'œil. Devant mon air dubitatif, il développe.

– Écoute, il faut que tu imagines ton angoisse comme une personne que tu héberges. Si c'était un plaisir, tu l'inviterais à rester. Mais tu la détestes, on est d'accord ? Elle t'empêche de faire tes études, elle te tombe dessus si tu sors… Et toi, tu lui dis oui à tout. Tu lui obéis. Elle t'empêche de profiter et tu ne profites plus. Eh bien il faut que tu la vires. C'est une squatteuse !

Qu'est-ce qu'il croit ? Que ça m'amuse ? Il continue son monologue à propos de cette sangsue qui s'est installée en moi, pompe ma volonté, mon cerveau, appuie sur les commandes de mon corps, et à qui je laisse le champ libre.

– Sauf que maintenant qu'on le sait, on va la virer, sourit Jérôme.

D'emblée, je rétorque qu'un squatteur à qui on a laissé ses clefs et qui fait changer la serrure est chez lui.

– Tu ne regardes jamais les infos ? Tous les jours, il y a des gens qui ont prêté leur maison et quand ils reviennent, leurs amis sont installés dedans. S'ils tentent d'entrer par la force, ce sont eux que la police met dehors.

– Oui mais nous, on est une police spéciale. T'inquiète, on va refaire la loi et tu vas pouvoir rentrer chez toi. Je te le jure.

Puis il me propose une *expo* mais dans ma tête

cette fois, sans bouger du parloir, via mon imaginaire. Sans aller nulle part, insiste-t-il. Il approche son fauteuil du mien.

– On essaie ? me demande-t-il. Tu es partante ?

Il sent le chou-fleur. Déjà, il m'énerve à dire *expo,* parce que c'est un diminutif qu'on n'emploie pas quand on ne connaît pas. Il ne connaît rien aux *expos,* donc il doit dire «expositions». *Expo* est réservé aux malades. De quoi je me mêle à la fin ? En fait, je n'ai aucune envie d'être avec Jérôme dans le salon, et de sentir ma mère à l'affût, évitant de rentrer au cas où on se roule une pelle. Ah ! la tête qu'elle ferait si elle nous voyait face à face, les bouts de pied quasiment collés ! Avec Axelle, un jour, on a regardé un documentaire sur le tantrisme, alors je me mets à rigoler. Jérôme fronce ses grands yeux de panda. Il me demande si je veux faire l'exercice ou pas.

Il a imaginé un scénario où je descends de chez moi pour me rendre jusqu'au métro.

– Super voyage ! lui dis-je.

– Aujourd'hui, on va s'arrêter avant la station, au niveau de la poste, poursuit-il. Si ça fonctionne, nous irons jusqu'au quai et un autre jour, jusqu'à destination. On y va ?

Je réponds «OK» avec toute la mauvaise grâce dont je suis capable, sourcils froncés, menton en avant. Furax. C'est comme le spiritisme. Ça me fait flipper. Avec ce genre de tentative, j'ai peur de convoquer le malaise à domicile.

– Imagine, commence Jérôme, que tu passes la porte de ton appartement. Te voilà sur le palier. Tu refermes derrière toi et tu descends la cage d'escalier jusqu'au premier étage. Tu fais une petite pause pour fermer ton manteau et tu descends ensuite jusqu'au rez-de-chaussée. Tu pousses la porte vitrée pour emprunter la dernière volée de marches qui te sépare de la porte cochère.

J'ai envie de rigoler parce qu'il prend la voix des journalistes sur les radios de musique classique. Et puis «volée de marches», c'est un peu comme aïeul. On est vraiment faits pour s'entendre, Jérôme et moi. Devant le sérieux de Jérôme, qui, les yeux fermés, continue à me narrer ma sortie d'immeuble, je referme les paupières. Mais déjà le voile s'épaissit. Jérôme va ouvrir la porte d'en bas.

– Tu appuies sur le bouton, poursuit-il, tu entends le cliquetis de déverrouillage et tu tires la porte pour sortir. Là, tu sens l'air de la rue.

Mais moi, j'ouvre les yeux. C'est non. J'ai des fourmis partout et j'ai déjà le cœur qui décolle. Je me fâche, je veux arrêter.

– Tu ne viens pas chez moi avec tes expériences, OK? C'est une torture mon truc et je ne suis pas un jouet. Je ne peux pas imaginer que je sors, j'ai peur! Donc tu gardes tes plans à la con, regarde comment je suis maintenant!

En boule dans mon fauteuil, la tête qui m'envoie une salve de nausée chaque fois que je la bouge d'un millimètre, et le sang comme sorti de moi qui fourmille à l'extérieur de mes bras, je me mets à taper sur le fauteuil. Je veux crever le voile mais ça ne marche pas. Jérôme s'excuse si son idée était mauvaise. Puis il attend, silencieux, que je me calme. J'arrête de pleurer, je m'adoucis, j'ai sommeil. Je le lui dis, alors il propose de partir. Mes mâchoires se relâchent. Dans le mal qu'il se donne, il y a quelque chose de courageux. Je deviens tellement horrible quand ça m'arrive, qu'il faut oser me proposer ce genre d'aventures. Épuisée, je le retiens. Je lui dis que je veux bien qu'on essaie d'aller un peu plus loin en pensée. Mais que si ça revient, on arrêtera immédiatement. Je ne ferai pas une seconde de plus. Alors il accepte.

Dans mon imagination, j'arrive à sortir de l'immeuble et à marcher deux cents mètres. Par moments, je couine, mais je le fais. Sauf qu'en cours de route, à peu près entre l'opticien et la poste, tout bascule. Si je ne peux même pas avancer en pensée, comment espérer guérir un jour? On arrête à nouveau, et Jérôme me dit qu'on était presque à la poste et que c'est plutôt réussi.

J'explique à Jérôme que j'ai une soirée samedi à laquelle je rêve d'aller. Son visage, impassible, n'affiche ni jalousie ni mesquinerie.

– Rappelle-toi qu'une squatteuse s'est installée chez toi et que tu lui dis oui à tout depuis dix-neuf mois. Si c'était une vraie personne qui s'installait, une personne qui t'interdisait de mettre de la musique, qui t'empêchait de sortir là où tu veux, tu lui obéirais ?

Il me conseille de lister tous les moments qui me semblent compliqués et de les traverser, en pensée, pour m'habituer à l'avance à cette soirée. Le trajet de la voiture à la soirée. La traversée du salon, quand les autres dansent et que je veux changer de place. Les flashs de lumière. Les voix qui crient par-dessus la musique. Lui, le week-end prochain, il va faire une rando à vélo avec Émilie.

– Émilie ?

– Oui, l'amie avec laquelle je fais du vélo, tu sais ?

Je ne sais pas si je sais. En fait, la vie de Jérôme m'intéresse assez peu.

9

Je viens d'évoquer la soirée de samedi avec mon père. Il s'est cru obligé de rire à cause de l'adresse : Avrecourt-les-Bondis.

– C'est sûr qu'un taxi ne va pas te retrouver du premier coup !

Alex a pris ma défense. Donc notre mère est intervenue, expliquant qu'il fallait se détendre et que personne n'attaquait personne. Mais Alex a insisté, utilisant le terme « handicap » environ sept fois dans sa phrase pourtant courte. Ce qui a eu le don de mettre maman en colère.

– Alex, stop ! Maureen a des petites angoisses quand elle sort ! On ne va pas en faire un fromage ! De grâce, un peu de VAG !

– On reprend, a dit papa. Avrecourt-les-Bondis. Waze prévoit cinquante-cinq minutes. Quand ça roule. Mais ça roulera si tu nous appelles à partir de 22 heures. Par contre, évite d'appeler entre 20 h 30 et 21 h 30 parce qu'on prend trente-huit minutes de ralentissement dans la vue…

– Mais 20 h 30, c'est l'heure où on la dépose à sa soirée ! a repris maman.

– Et si elle se sent mal avant 22 heures, comment fera-t-elle ? demande Alex que je commence à trouver un peu angoissant.

– Pourquoi veux-tu qu'elle nous appelle avant 22 heures ? Pourquoi pas nous appeler avant d'être arrivée, aussi ? ricane mon père.

– Elle n'appellera pas, elle va s'amuser comme une petite folle, hein Maureen ? dit ma mère.

*Elle*, c'est à peu près tout ce que je suis. Une personne dans la pièce. Je recule, je sors du salon, je les entends à présent depuis le couloir. Ils se querellent à cause de moi. Il y a peu de temps, j'ai entendu ma mère dire à mon père qui se plaignait du bruit que mon frère faisait avec sa guitare : « Oui, tu en as marre, eh bien moi j'en ai marre d'être une femme qui s'occupe de sa fille. Je préférerais être une femme qu'on emmène au restaurant ! » Je n'ai pas entendu la réponse de mon père, parce que j'ai bouché mes oreilles. Avant, mes parents ne se disputaient pas. Ou alors j'étais si souvent dehors que je ne les entendais pas. Leurs choses intimes restaient à eux. Depuis que je suis agoraphobe, j'ai l'impression qu'on trempe tous dans le même bain dégoûtant. Si je reste agoraphobe toute ma vie, je serai condamnée à vivre avec eux pour toujours. Est-ce qu'il ne vaut pas mieux que ça s'arrête tout de suite? Je n'ai qu'à descendre dans la rue et enfin me prendre ce camion fou. «Arrête un peu tes jérémiades et bouge tes fesses», raille la squatteuse à l'intérieur de moi. Elle claque la porte de ma chambre sur moi. Je la sens dans la pièce.

Alex a remarqué que je n'étais plus dans le salon, et il me rejoint dans ma chambre. Il veut me souhaiter bonne chance pour ma soirée de samedi.

– Pense à ton psy, me dit-il. Pense à lui tout le temps. Pense que tu as ton rendez-vous avec lui mardi et que tu pourras tout nettoyer.

– Nettoyer?

– Oui, si tu te sens mal, dis-toi que ton psy arrangera ça.

– Parce que tu trouves que mon psy arrange quelque chose?

– Au début, tu ne pouvais même plus ramasser le courrier sur le palier…

– Et maintenant je peux aller à la boîte à lettres? Mais pas à la poste? Je peux aller à la boîte et me rendre compte que j'ai tellement froissé la lettre dans ma poche que je l'ai déchirée? Je peux aller à la boîte parce que j'ai préparé la sortie mentalement pendant une demi-journée, puis dormi trois heures au retour pour m'en remettre ?

– Un jour, tu iras à la poste, me lance Alex avec l'aplomb de Jérôme.

Je me glisse dans mon lit. Aller à la soirée d'Illiès me semble soudain impossible. C'est grotesque. Toute ma famille est aux cent coups, mes copines s'amusent mieux sans moi. Je suis devenue un boulet et, depuis quelques jours, pour couronner le tout, je mange tout le temps. Je veux voir si ça me leste d'avoir le ventre lourd. Je reprends le dictionnaire. J'en suis à Agonie, ça tombe bien. Mais mon esprit commence à vagabonder, alors j'arrête de lire et je compte les taches au plafond. La seule personne que je n'ennuie pas et que je n'ai pas l'air de déranger dans sa vie, c'est Jérôme. Je vais finir par trouver que ma mère a raison quand elle dit que le défaut majeur de *ce garçon* est d'être en socio. Elle trouve que dans cinq ans, entre son bagage et mon handicap, on n'aura *hélas* pas beaucoup d'avenir. Avenir, après agonie. Je dois revenir aux mots en liste, les dire dans l'ordre. Et dormir un peu. Malgré la squatteuse qui cogne contre mes murs.

10

J'ai voulu remonter à la maison, parce que la pluie formait des brillances sur le sol, des flous autour des phares, et que les gens étaient encore plus agités que d'habitude. J'étais entièrement exportée dans un film. Il n'y avait plus de réalité. J'ai paniqué à cause des bruits de klaxon, mais ma mère m'a empêchée de remonter. « Ça suffit maintenant, tu y vas, et une fois sur place, si tu te sens mal, on viendra te chercher. » Le problème, c'est qu'ensuite elle a ajouté : « Pour appeler, attends 23 heures si tu peux, ton père m'emmène au restaurant. » C'était un peu tartignolle pour moi qui avais entendu leur engueulade de l'autre jour, mais comme je n'avais pas envie de rire, j'ai hoqueté que j'étais désolée d'avance de gâcher leur restaurant, mais que je ne prévoyais jamais l'heure de mes crises. Après, je n'ai plus desserré les dents.

C'était comme des gifles quand je regardais dehors, chaque voiture qui doublait, chaque bruit dans les flaques qui mangeait mes oreilles, et je trouvais que maman freinait toujours trop tard. Avec ma jambe droite, j'appuyais sur un frein imaginaire, et puis elle a fini par se raidir. Elle. Puis l'autre. Maman a posé sa main sur ma cuisse et j'ai explosé en larmes en lui demandant de faire demi-tour. Elle a encore refusé et dit qu'on allait rouler jusque là-bas et qu'une fois sur place, on ferait demi-tour si besoin. Ensuite elle m'a demandé de compter mes fourmis, de les détailler, d'essayer d'appliquer les astuces qu'on me proposait, mais j'ai répondu : « Mes fourmis, elles t'emmerdent ! » Alors elle s'est mise en colère. Elle a dit que depuis des mois sa vie était entre parenthèses à cause de mes caprices, que ça devenait du chantage affectif, et qu'elle n'était pas à ma botte. Plomb dans l'aile, prendre sur toi, j'ai entendu des bribes de conneries et ma fureur était tellement forte qu'elle a écrasé ma peur. Quand on est arrivées, je suis descendue de la voiture, hors de moi, et ma mère est repartie aussi sec. Sans même vérifier que je parvenais à marcher jusque chez Illiès.

Je l'ai appelée aussitôt et elle a répondu. Elle avait une voix sans colère, alors j'ai dit :

– Est-ce que tu peux m'envoyer un SMS toutes les vingt minutes ?

– Non, Maureen, je vais au restaurant avec ton père et je ne t'enverrai pas de SMS. Si tu as besoin qu'on vienne te chercher, tu nous appelles.

Et elle a raccroché. Du coup, ça a reboosté ma colère : Puisque tu n'en as rien à foutre que je sois mal, vivement que je meure. Je n'ai même pas eu honte après, parce que j'avais d'autres chats à fouetter. Illiès m'a ouvert, grand sourire, et les filles m'ont sauté au cou. Je me suis rendu compte que je n'avais pas vu Lucky-Tom depuis sa soirée, il y a plus d'un an et demi. Et plein d'autres aussi, comme Espérance. Pour poser mon sac dans la chambre, j'ai dû traverser le salon. Ça fait dix-neuf mois que je pratique perpétuellement le subterfuge donc je me suis accrochée aux épaules de deux copines, dans un geste qui devait avoir l'air amical et joyeux. À l'intérieur, j'étais déjà fracassée.

Je reprends mes esprits. J'ai dit que j'allais me changer. En vrai, je sais que je ne vais pas tenir. La musique creuse des cratères dans ma tête.

Envoie-moi un message tout de suite STP : je saurai que tu captes et ça me rassurera.

Ma mère me répond avec un pouce levé. Je lui réécris :

Contente que tu t'amuses, moi c'est l'horreur. Enfermée dans la chambre.

Pas de réponse.

C'est l'horreur, la musique est trop forte et il y a un stroboscope.

Pas de réponse.

Crever, c'est pas pire.

Ma mère ne répond rien. Je fais un truc insupportable qu'elle m'a demandé de ne pas faire. Mais c'est quelqu'un qui le fait en moi, la squatteuse. Je ne sais pas à qui me raccrocher et je ne veux pas que mon TAG se remarque. Il y a déjà Nissa qui m'a dit : « Ah chouette ! Une revenante ! C'était comment ton voyage chez les tarés, raconte ! » Alors j'ai ri avec elle.

Entrer dans le salon, c'est me jeter dans la fosse aux lions. Et pourtant j'y vais. J'ai repéré un fauteuil à hauts bords et j'espère que personne ne s'est assis dessus. Il devrait me permettre d'appuyer ma tête et d'adopter une position dite naturelle. Si je passe un moment assise à bien intégrer chaque bizarrerie de l'espace, type reflet ou embûche, je pourrai me lever, rester un moment debout en me soutenant au mur, et retourner m'asseoir. À condition que personne n'ait pris mon fauteuil entre-temps. Mais à peine suis-je dans le salon, sous la musique comme sous les bombes, que je m'affaisse sur la première banquette venue, incapable d'aller jusqu'au fauteuil. Je ne peux jamais traverser une pièce sans longer ses bords, or le buffet me gêne. Je veux partir. Raphaël me tend un verre. Je l'attrape. Même mes gestes ne sont pas normaux et je suis sûre que ça se voit. Il s'assoit à côté de moi et me demande ce que je fais depuis que j'ai arrêté le droit. Je n'ai pas envie de lui dire que je ne prends pas les cours d'italien par correspondance auxquels mes parents m'ont inscrite car je trouve la langue trop chantante, qu'elle dérape, et que je risque de m'évader bien trop loin mentalement quand je la parle. Donc de faire un malaise. Je baragouine quelque chose qu'il n'entend pas, mais il a posé sa question, alors il est satisfait, et regarde partout autour de nous s'il n'y a pas quelqu'un de plus intéressant que moi à aller retrouver.

Ensuite, je reste seule jusqu'à ce qu'Axelle vienne me prévenir de l'arrivée d'Alban. Elle a vu Paul, donc Alban ne doit pas être bien loin. Mais je m'en fous. Tout m'agresse : les rires de Léa, comme dans un documentaire sur l'égorgement des moutons, le regard de Raphaël avec ses gros yeux globuleux et, partout autour, cette prison qui m'accompagne. J'ai envie de fuir. C'est le seul remède instantané. Ne manque plus que Melvil, mais pas de panique : le voilà. Comme Léa a jugé bon d'anticiper et de me prévenir, je ne suis pas étonnée qu'il arrive avec Noémie. Je suis complètement paralysée sur la banquette, à me demander comment me jeter jusqu'au fauteuil à hauts bords. J'ai le visage contracté, des fourmis sur les bras, et le dos glacé parce qu'il y a dix-neuf mois, la veille de l'entrée à la fac, je sortais avec Melvil. Et Noémie était mon amie.

## 11.

Au début de mes crises, Melvil ne m'a pas laissée tomber. Pendant quelques semaines, il est venu me voir régulièrement. À condition de rester à la maison quand on se retrouvait, j'avais l'impression qu'on était toujours en couple. Mais dès qu'on sortait, il s'impatientait. Je perdais mes repères, je me mettais à pleurer, et il devenait distant. Du coup, l'idée d'avoir des crises me paniquait et j'y arrivais encore moins. Je voulais qu'il me soutienne, je me sentais fragile, et je pensais qu'il pourrait aimer être fort à côté de moi. Je lui parlais souvent d'Alban. Une manière balourde de lui dire qu'il n'y avait pas que lui sur terre. Et ça l'énervait. En fait, je ne sais pas quel gars à part Jérôme peut aimer se trimballer une fille comme moi. À la fin, même si je ne me doutais pas que c'était la fin parce que Melvil m'avait dit de ne pas le prendre comme une rupture, il m'a expliqué que mes déconnexions brutales étaient flippantes. Il a ajouté que pour quelqu'un comme lui, sportif, actif, joyeux, positif et aimant la vie, ça allait être compliqué d'être avec moi. Après, il est resté tard et on s'est embrassés. Je n'ai pas imaginé que c'était la dernière fois. Il n'est pas revenu. Il s'est mis à appeler de plus en plus rarement mais je le comprenais, à cause de mes malaises très pesants pour mon entourage. Parfois, je fantasmais sur Alban. Ça m'allait.

De toute façon, entre les autres et moi, le voile s'était déjà transformé en rideau. C'était carrément opaque. Je suis sortie dans des bars avec les filles, et c'était toujours Axelle qui me ramenait parce que les crises survenaient quel que soit l'endroit. Dehors, chez des amis, si je tenais plus d'une heure, c'était enfermée aux toilettes. Un soir, en boîte, mes copines m'ont déposée sur une banquette. Pour m'y rendre, j'en avais une de chaque côté, et moi avançant les yeux fermés pour traverser mon vertige, bien appuyée sur elles. Une fois installée, je n'ai pas pu tenir assise et je me suis allongée. J'ai dormi direct. Jusqu'à ce qu'un videur demande à mes copines de me ramener. J'ai trouvé ça injuste.

Me voilà à présent sur le fauteuil à bords hauts que j'ai atteint, profitant d'un moment où Illiès a tiré la table du buffet, et où j'ai enfin pu longer le mur. J'ai pitié en regardant mes baskets alors que toutes les filles ont des échasses. Je sais que ma peau a déjà bu mon maquillage. C'est comme si chaque pore avait une bouche et cherchait de l'oxygène, s'ouvrant, se refermant. Tous ces visages de poissons hors de l'eau à la surface de moi poussent des hurlements. Léa vient me voir. Elle ne savait pas que Noémie allait être là.

– Elle ne manque pas d'air quand même.

– Je n'étais pas censée être là non plus. J'aurais mieux fait de m'abstenir.

– Tu te sens mal ? me demande Léa.

On dirait que je vis mes dernières heures en soins palliatifs, et que les gens viennent encore me rendre visite pour gagner leur paradis. Melvil s'y colle, lui aussi.

– Salut ! me dit-il.

Je réponds la même chose. On était ensemble depuis un an quand il m'a quittée. Noémie se tient en retrait mais vérifie qu'on ne se parle pas trop longtemps non plus. Il n'y a pas de danger, j'ai tellement honte.

– Ça va mieux ton truc au fait ? me demande Melvil.

Je n'ai pas été piquée par une bestiole. J'ai avalé une sorte de monstre qui me détruit et m'empêche de vivre, même à l'intérieur de moi. Est-ce qu'on peut arrêter de me parler d'un *truc* ? Les larmes montent mais je ne veux pas que Melvil les voie. Je lui réponds oui machinalement. Ce qui lui permet de lâcher :

– Ah super, tu me faisais peur à être folle comme ça, je te jure, c'était flippant tes trucs. Tu te rappelles la fois où on était au cinéma et où il a fallu se mettre sur le côté du rang, puis près de la porte, puis sortir avant même que le film commence pour que tu reprennes de l'air dans le sas des toilettes ? Après, on est à nouveau rentrés et puis on est repartis aussitôt. Tu gémissais, tes mains sur tes oreilles, c'était gênant. J'ai cru qu'on allait t'interner tu sais…

Super. Vraiment. J'ai bien fait de venir. Ce qui est bien, c'est que, derrière mon épais rideau, Melvil est flou. Il doit le sentir. Du coup, il enfonce le clou.

– J'en ai beaucoup parlé à l'époque avec Nono, c'est ce qui nous a rapprochés. Elle m'a pécho un jour où j'en pouvais plus de toi, tu étais tellement bizarre. Tu sais qu'on sort ensemble maintenant ? Mais il ne faut surtout pas que tu lui en veuilles, tu ne lui en veux pas, si ? Elle se sent mal vis-à-vis de toi. J'ai beau lui dire que ce n'est pas ton genre d'être rancunière, elle se sent coupable

C'est pas très différent d'un film d'horreur.

**12 .**

Il est 4 h 12. Waze est content. Ma mère est venue me chercher sans réveiller mon père. « Figure-toi que j'ai failli ne pas t'entendre, j'avais laissé mon téléphone dans la salle de bains. En tout cas, le restau était sympa, il faudra qu'on vous y emmène, Alex et toi, ça te plaira, ils font des bo bun. C'est bien les bo bun, ces machins tout mélangés que tu adores ? »

Sans queue ni tête, à moitié chinois, fusion, trucs actuels à la con. Peut-être qu'elle ne dit pas à la con mais j'entends la litanie du mépris. La nuit me rassure. J'ai l'impression que les écarts sont moins énormes entre la réalité, ce que j'entends, et ce que je vois. Bien sûr, les phares dans la pluie sont toujours impressionnants mais le décor est moins profond. Et je peux me rassurer en me disant que si le son de ma mère est bizarre, c'est à cause des huit dernières heures de musique à fond. Même dans la cave, sous le salon, on l'entendait fort. Quand j'y suis descendue, j'ai cru que les choses allaient s'adoucir. J'ai imaginé que personne ne remarquerait mon absence et que j'attendrais là, en bas, derrière un rayonnage de bouteilles vides. J'étais cachée. On ne me cherchait pas. Ça m'allait bien. Dans l'idéal, j'aurais été mieux dans ma chambre, mais je me suis donné des heures butoir. À minuit, il faut que je sois remontée. Je ne vais pas disparaître et faire ce plaisir à Noémie et à Melvil. Parce que Melvil, *hyper touché de ma bienveillance*, je reprends son expression à la noix, a tenu à ce que Noémie et moi nous parlions à nouveau, comme avant. Moi sur la banquette cette fois, espérant trouver la méthode pour rejoindre ce put*** de fauteuil à haut dossier et hauts bords afin de m'y sentir entièrement contenue, comme dans un plâtre, et elle, assise du bout des fesses à côté de moi, la main posée sur la cuisse de Melvil, pudiquement, un peu comme une vieille cousine, et me parlant de la fac. Spécialité économie. Vrai potentiel à terme pour reprendre une branche de la boîte d'un de ses oncles. Spécialiste des audiences télé. Et Melvil, avec sa tête de ravi, qui nous regardait nous parler en pensant que tout était merveilleux dans ce monde où j'étais tombée folle, un jour, et Noémie dans ses bras, pour le consoler de moi. Comme il s'ennuyait parce qu'on ne parlait pas de lui mais d'audimat, il a interrompu la conversation : «C'est super que tu ailles mieux Maureen, et surtout je suis content pour nous trois, qu'on puisse à nouveau être proches. C'était dommage de rester dans le non-dit. En fait, il n'y a pas de problème.» Et là, il a pris Noémie par la main et ils sont partis. Et soudain mon fauteuil à hauts bords pour avenir m'a semblé ridicule, mais moins que la photo qui m'est revenue à l'esprit : Melvil m'envoyant de ses vacances en Bretagne un sublime coucher de soleil (il avait écrit «sublime» sur le message), avec lui juste devant, masquant tout le paysage.

Dans la cave, je me suis endormie plusieurs fois, avec la peur qu'au réveil mon énergie retrouvée se mette au service d'un malaise géant. Et puis j'ai pianoté sur mon téléphone un message pour Jérôme, dans lequel je lui parlais du vélo, en espérant que la rando avec sa copine était chouette. Il n'a pas répondu. J'ai commencé à me demander si j'allais remonter. Et puis j'ai trouvé une solution. Je pouvais m'asseoir dans la cuisine et y rester quelques heures. Après tout, je n'étais pas obligée d'aller dans le salon. Mais en remontant l'escalier, les fourmis sont revenues. J'ai fait celle qui perdait l'équilibre à cause des talons de ses baskets. Et je me suis accrochée à un bras qui passait par là, celui de Math. Je ne l'avais pas vu au début de la fête. Il m'a confirmé qu'on ne se connaissait pas. En arrivant dans l'entrée, j'ai croisé Noémie encastrée dans Melvil. Et j'ai attrapé la main de Math plutôt que son bras pour entrer dans le salon. J'avais l'impression de marcher dans des débris, rien n'allait droit, et l'effort pour faire quatre mètres a ressemblé à un saut d'obstacles.

– Et qu'est-ce qui s'est passé alors, pourquoi tu m'as appelée, Maureen ? Pourquoi tu n'es pas allée te coucher en te disant *Allez hop, je ferme les yeux et à demain* ? me demande ma mère.

Je lui répète que j'avais besoin de rentrer.

– Mais pourquoi tu ne t'es pas couchée pour te reposer : ton lit là-bas, ton lit à la maison, c'est pareil non ?

La pluie sur la voiture fait comme des coups sur moi. Aucun manteau, même une armure, ne peut plus me protéger.

– J'avais besoin de rentrer à la maison.

Parce que Math a cru que je m'accrochais à lui pour m'accrocher à lui. Alors que moi je m'accroche à n'importe qui comme à un poteau. J'étais contente qu'il ne soit pas au courant de mes malaises et qu'il m'aide à remonter à l'étage, sans savoir qu'il m'aidait, et pensant que j'avais peut-être un peu bu pour perdre autant l'équilibre. Comme une fille normale quoi. Mais, assez vite, je l'ai trouvé très pressant.

Sauf que j'étais accrochée à lui. Et plus je m'accrochais, plus il me collait. C'était agressif. «Ben tu voulais quoi? m'a-t-il dit quand je l'ai repoussé des deux bras, ça fait une heure que tu t'accroches à moi! Tu dors là ou pas?» Il a encore essayé de m'embrasser, avec les mains partout. Et j'ai rampé contre le mur en pleurant jusqu'à ce qu'Axelle me tende mon téléphone pour appeler ma mère. Alban fumait dehors quand je suis montée dans la voiture. Ma mère a démarré et je me suis éloignée. Les essuie-glaces décrivaient des lettres sur la vitre. Un générique de monde d'avant qui s'effaçait. Chaque prénom, chaque nom de l'œuvre terminée. THE END.

13

Personne n'est capable de décrire le chemin de l'air, en lui, à chaque inspiration. Moi si. C'est taré. Personne ne sent son sang circuler. Tout le monde est occupé à autre chose qu'à se tâter le pouls. Moi non. J'ai dix-neuf ans et je viens de piquer un 180 sans bouger de ma chambre. Juste parce que j'ai tenté une *expo* avec mon imagination.

Assise par terre, le dos contre mon lit, la main serrée autour de l'un de ses pieds, je me suis imaginé ce voyage grandiose : marcher jusqu'à la poste. Et le stress n'est pas monté à l'approche des attroupements devant le magasin Orange, mais dès le début, en quittant la maison, avant même de traverser la première rue. Pile devant l'agence immobilière, à l'angle de chez moi, c'est-à-dire à cinquante mètres de mon immeuble, quand la dame de l'agence m'a parlé. Elle sort souvent sur le trottoir. Son apparition a stoppé mon *expo* mais plutôt que d'arrêter là, et de poursuivre la lecture d'un dictionnaire, j'ai décidé de reculer dans le film que je tournais dans ma tête, afin qu'il pleuve et que la dame reste dans son agence. Donc j'ai refait mentalement la sortie de mon immeuble, bob à œillères, parapluie bas sur les yeux. J'ai évité la dame. Mais il pleuvait trop, et le bruit de la pluie sur le sol m'a empêchée de traverser. Juste après, il y a eu les reflets dans les flaques, et le vertige. Avec mon imagination, j'ai mis des essuie-glaces devant mes paupières pour chasser les reflets. J'ai tenté un changement de météo. Mais au même moment, mon expo mentale est partie complètement en vrille, parce que j'ai eu peur de ces deux cerveaux parallèles, celui qui s'occupait de la météo et celui qui coordonnait les mouvements. Je me suis perdue, sans doute à cause du troisième cerveau qui me répétait «calme-toi, ce n'est qu'une *expo* mentale».

Je suis mal. Mon imagination m'a un peu dépassée, mais quand j'ouvre les yeux, ils sont comme écarquillés. Et ma chambre est de travers. Le flou est entré. Le sol penche. Et un voile décale chaque chose comme si elle était moins réelle. La pièce s'est mise en retrait. Je suis dedans mais tout est bizarre. Je hurle:

– Maman, arrête ça!

Elle accourt, s'accroupit pour me prendre dans ses bras. Si mon cri l'a effrayée, elle sait à présent que ce n'est que ça.

– Il n'y a rien, je t'assure qu'il n'y a rien, me dit-elle.

C'est donc mon *truc*. Je me lève et je sors de ma chambre, aidée par elle qui me soutient. Elle accepte que j'ouvre les portes des autres pièces pour comparer l'épaisseur du voile. Je me recroqueville finalement dans la salle de bains que je n'allume pas

– Allez, d'accord, on prend le temps de se calmer », dit ma mère qui s'assoit à côté de moi sur la baignoire.

Je n'entends plus ce que je dis mais j'entends ce qu'elle répond :

– Mais non, tu n'es pas folle et tu ne vas pas mourir.

Enfant, je rêvais d'être enterrée avec elle, dans le même cercueil, afin d'avoir moins peur. Mais là, contre elle pourtant, je sens ce voile qui nous sépare. Il est épais. J'ai la preuve que je ne peux plus entrer en elle pour qu'elle me porte. Elle a son pull à torsades, celui qu'elle me prête souvent, et je lui demande de l'enlever parce que les torsades sont comme des cordes. Elle refuse, d'ailleurs elle se détache de moi pour appliquer la règle du médecin *efficace* qui conseille de ne pas trop consoler. Mes mains sont gelées, j'ai sûrement déjà les ongles mauves jusqu'à la moitié. Je supplie ma mère :

– Endors-moi.

Démunie mais coriace, elle se lève malgré mon étreinte pour allumer la lumière.

– Allez Maureen, on se ressaisit.

Je devrais aimer sa façon de dire *on*, mais ma colère prend le dessus et je glisse au pied de la baignoire. C'est injuste. Alex, dans l'embrasure, me regarde apeuré. Quand je pleure, les larmes me rassurent parce qu'elles se mêlent au flou. C'est normal de voir flou parce qu'on pleure.

Ma vie est terminée. Bientôt, une boîte sera trop grande pour me contenir rassurée. La panique est partout. Je ne peux plus fermer la porte de chez moi et me croire à l'abri. Il y a des camions fous jusque dans mon lit. J'en fais l'expérience juste après. Cette fois, ma mère ne sait pas comment arrêter ma crise. À distance, elle tente de me laisser me débrouiller. Elle essaie de me commander, mais je vois bien qu'elle peine à rester détendue. Elle n'a pas le cœur à s'énerver quand elle me voit me précipiter sur l'interrupteur, éteindre, fermer les yeux, puis me diriger, collée au mur du couloir, vers la porte de ma chambre, l'ouvrir, voir que le voile y est encore mais me jeter quand même dedans en hoquetant, et m'enfermer sous ma couette. Alex me suit, distant, de la même pâleur que papa qui vient de rentrer à la maison et regarde lui aussi la scène. Je sais que j'ai l'air folle et qu'ils vont finir par l'admettre. Je sais aussi que je suis folle sans l'être tout à fait. Parce que je lutte, je préviens, je demande aux gens de faire quelque chose. Est-ce eux qui sont fous ? Ils me regardent me débattre contre rien mais ce soir, je ne les énerve pas, je les inquiète. Maman dit qu'on va appeler mon psy. Elle veut que je le fasse moi-même, mais je refuse. Elle insiste pour que je prenne le cachet qu'il m'a prescrit, mais je ne veux pas. Alors elle l'appelle.

Quand je les entends, avec mon père, en conciliabule dans le couloir, je me souviens de moi, petite, toujours à l'affût d'une indiscrétion. Je tends l'oreille. Je dégage la couette. Je me rends compte que la chambre est à nouveau stable. Le bureau est droit. Rien ne penche. Tout est rentré dans l'ordre. Mon lit est vraiment l'endroit qui me répare.

– Évidemment, dit maman en entrant dans ma chambre, ton psy préfère ne pas discuter avec nous. Il te propose de l'appeler, afin d'avancer ton rendez-vous si tu en ressens le besoin.

Ma mère a l'air vexée. Moi, je suis vraiment contente d'avoir un endroit rien qu'à moi, et la preuve que le Dr Mary ne me ment pas quand il parle d'*ici*. «Ici, vous pouvez parler de tout ce que vous voulez», me dit-il. Comme s'il avait confiance dans ses murs. Il a de la chance. Il me rassure.

– Appelle-le, me dit maman.

– Non, mardi c'est très bien. Ça ira.

**14.**

Si quelqu'un consulte l'historique de mes recherches Internet, «ermite» va ressortir trente-deux fois, ainsi que «bénédictine»: un alcool fabriqué par des moines. Vivent-ils reclus? Acceptent-ils d'accueillir les femmes?

Je n'ai pas regardé mes messages depuis la soirée d'Illiès. Mon départ a été trop remarqué, avec mon corps qui se jetait vers l'avant, s'opposant à une matière collante et agressive. Sans doute Math, qui voulait à tout prix dormir avec moi. Juste dormir, a-t-il promis en plongeant sa main sous mon top. C'était encore pire que le vertige. Je le repoussais, mais j'étais aimantée à lui. Parce que c'était le vide autour, et je n'avais pas le choix: sa carlingue pour me tenir ou un saut en parachute sans parachute. Il me mettait sa sale main partout en me soufflant dans le cou avec tout son érotisme de petit nase. Je l'ai insulté, en continuant à m'accrocher à lui. Ses hormones faisaient du jus sur ses joues, il était rose, c'était dégueulasse.

– Arrête, en plus tu pues, j'ai dit.

Il m'a traitée de frigide, avant d'insister encore :

– Viens putain, je vais te montrer.

– Et tu vas me montrer quoi ? Qu'est-ce que j'en ai à foutre, je suis en train de crever tu vois pas !

La squatteuse prenait son pied, elle m'empêchait de m'éloigner de lui.

Je ne peux pas traverser le vide, je dois me raccrocher à quelque chose, et le rideau qui m'entoure n'a pas de matière, alors je ne peux jamais le prendre comme appui. Parfois, je me dis des phrases complètement idiotes : « Ah si seulement je pouvais marcher avec un déambulateur dont les bords seraient plus hauts que moi, et opaques, et dans lequel je pourrais m'accroupir, ou m'asseoir pour être mieux. Il aurait un couvercle, que je rabattrais par-dessus ma tête en cas de crise. Il serait capitonné, pour empêcher les sons. »

Le Dr Mary hoche la tête. Fait son léger sourire avec la main qui s'ouvre pour m'inviter à continuer. Au début de la séance, il a reçu l'appel d'un patient. Ça ne sonne presque jamais pendant les séances. Mais en décrochant, le Dr Mary s'est excusé de devoir le faire. «Vous vous souvenez du numéro d'urgence que je vous ai donné la dernière fois, pour quand ça ne va pas? Il faut que vous l'appeliez maintenant. Vous allez appeler ce numéro, d'accord? Allez, faites-le.» Il a raccroché, et je n'ai pas eu envie de remettre ma voix en route après celle du téléphone. J'ai trouvé que je n'avais aucun intérêt. D'ailleurs, il ne m'a pas donné de numéro d'urgence à moi. Moi, je suis obligée de m'accrocher à des connards qui m'enfoncent. À la fin de la séance, le Dr Mary dit: «On va s'arrêter là.» En lui tendant le chèque de ma mère, je pleure, parce que l'appel m'a décalé mes larmes, et donc ma crise, et qu'il est temps pour moi de prendre son ascenseur à reflets infinis où mes milliards de visages me narguent, puis de traverser son affreux hall de marbre blanc. Or je ne suis pas encore assez éloignée de ma crise, donc assez crevée pour pouvoir supporter la descente.

Le Dr Mary ne me console pas. Ses phoques se foutent de moi avec leur ballon sur leur nez. Il me conduit comme d'habitude vers le placard à manteaux, puis à la porte qu'il referme en disant: «À la semaine prochaine.» Je marche vers l'ascenseur en longeant la paroi du mur. Les miroirs n'ont pas pitié. Des milliards de petits moi rouges et mouillés, comme des asticots qui se tortillent derrière un loup de larmes. Je ferme les yeux.

Ma mère est garée sur le bon trottoir. Mais c'est déjà trop loin. Me jeter hors de l'immeuble. Me ruer sur la voiture. Lâcher le mur, avancer dans le vide comme si j'apprenais à marcher. Tenter de ne pas m'effondrer avant d'avoir atteint la voiture. De l'intérieur, ma mère pousse la portière pour m'accueillir. Elle sourit comme une félicitation. Je l'ai fait! J'ai parcouru dix mètres entre la porte de l'immeuble du psy et la portière de la voiture et j'explose en larmes en m'y asseyant. Est-ce qu'un jour je pourrai vivre une vie moins idiote que celle-là?

– Alors ça avance? me demande ma mère sans trop prêter attention à mes larmes.

Je ne supporte pas cette question. Pourtant mon psy m'énerve, ainsi que sa réflexion sur mon parapluie, parce qu'aujourd'hui j'avais mon parapluie, alors que le ciel est tout bleu. Piteuse, j'ai répondu à son étonnement : «On ne sait jamais avec la météo.» Et il a hoché la tête, un demi-truc vers la droite genre je tends l'oreille et je détourne l'œil; et débrouille-toi avec ça.

Ma mère insiste :

– Alors? Qu'est-ce qu'il a dit? Ça avance ou pas? Vous avez reparlé de ta crise de jeudi? Parce que ça dure depuis des mois ces rendez-vous et je n'ai pas l'impression que ça bouge grand-chose… Tu lui as raconté que tu t'étais sentie particulièrement mal?

– Pas particulièrement. Je me suis sentie mal comme toujours, et puis c'était pas une crise.

– Maureen, excuse-moi mais c'était pire. Maintenant, il faut trouver une solution. S'il ne la trouve pas lui, on peut changer de psy. J'ai demandé à…

Sorcière! T'attaque pas mon psy!

Je suis la seule à avoir le droit de m'énerver quand il me vexe. Mais les autres ne peuvent pas comprendre ni me féliciter comme il le fait, lui. Quand je lui ai raconté que l'horreur, c'était d'être obligée de m'accrocher à n'importe qui pour tenir debout et que ça décuplait mes malaises mais que je ne pouvais pas lâcher, quand je lui ai dit que c'était de pire en pire, il a validé d'un hochement de tête. Alors qu'autour de moi tout le monde s'impatiente. Le Dr Mary s'agace seulement à cause du chèque signé par ma mère. Mais il a la délicatesse de ne pas en reparler à chaque fois. Et pour le reste, il est fier de moi. Enfin je crois. J'ai dix-neuf ans et la seule personne fière de moi, c'est mon psy.

15

Jérôme m'a envoyé des photos de sa randonnée. Dessus, on ne voit ni lui ni Émilie, mais des jolis paysages plutôt plats. Ce que je lui écris. Avant d'ajouter un cœur par photo et un «merci beaucoup». Quand même. Il me répond aussitôt. Cela fait plusieurs fois qu'il évoque l'idée d'une sortie au musée. Pas au Louvre, précise-t-il, mais dans un *petit* musée. «Ce serait une belle *expo*, non?»

J'en viens à penser que Jérôme est maso. Mais j'accepte. J'accepte, parce que j'ai décidé, depuis la soirée d'Illiès, de faire la gueule à mes amis. Comme ma famille m'énerve autant qu'eux et que je ne peux pas me marier avec mon psy, je dois trouver une échappatoire. Je ne perds pas de vue mon objectif: réussir à vivre seule, libre, et le plus vite possible. Je ne veux plus entendre que ça n'avance pas vite et que j'ai toujours aimé les trucs un peu tirés par les cheveux, parce que je suis une *originale*. Je ne veux plus entendre qu'enfant déjà, je faisais des rêves *ravissants, dirigée par un imaginaire fantaisiste*. Ras le bol. Je veux quitter la maison. Mais pas avec Jérôme. Donc je dois gagner ma vie. Chaque fois que j'imagine gagner ma vie sans faire d'études, c'est-à-dire en trouvant un travail alimentaire, je me noie dans les interrogations. Que faire sans sortir de chez moi ? Rien. Je ne sais même pas coudre. Je repense à Axelle qui m'a carrément engueulée quand j'ai évoqué la possibilité de devenir hôtesse d'accueil : « Ah non, quand même, tu es une fille intelligente, tu ne vas pas devenir hôtesse. Moi, en tout cas je te préviens, je ne resterai pas amie avec une hôtesse ! » Évidemment, je préférerais devenir avocate italienne, mais je ne peux pas mettre les pieds à la fac, alors je vais me faire la vie que je peux, et à ceux que mon avenir rebute, eh bien salut.

Mon psy n'a pas tiqué, lui, quand j'ai dit que j'allais me mettre en relation avec une agence d'hôtesses pour essayer. J'ai vu sur Internet qu'on portait un tailleur, un serre-tête, un collier de perles, et une copine de ma mère m'a expliqué qu'on était enfermée des heures dans un vestiaire, à indiquer le chemin des toilettes. J'ai pensé qu'ainsi déguisée et à des postes *clos*, j'arriverais à m'exporter dehors.

Quand j'ai dit «exporter», mon psy a ri. De bon cœur. J'aime quand il rit vraiment. Ça me fait plaisir, j'ai l'impression d'avoir un lien à nous. Le «Alors, ça avance?» de ma mère me paraît encore plus nul après. Je ne suis pas une machine, je prends le temps qu'il faut pour guérir pour de bon et ce n'est pas mon psy qui me l'a expliqué. Ça me pèse de plus en plus d'être entourée de gens qui ne comprennent pas ce que j'ai. Moi non plus, je ne comprends pas ce que j'ai, mais j'essaie de ne pas me faire encore plus peur! Les autres me coupent du monde. Ils se moquent même de mes lunettes fumées: «Arrête de te la jouer, frimeuse!» Je ne me la joue pas. J'ai remarqué que les verres fumés me font croire qu'ils occasionnent le voile; et j'aime mieux penser que ce sont eux qui créent le flou, plutôt que ma tête. C'est un essai, encore une fois, quelque chose que je tente pour m'améliorer. Et je vais devoir arrêter de trouver des solutions puisque ça aussi, ça m'est reproché. «T'as l'air de quoi enfin? Quand c'est pas le parapluie, c'est les lunettes. Tu ne nous épargnes guère…»

Comme si ma mère ne suffisait pas, Léa enfonce le clou. Elle m'appelle pour savoir ce qui s'est passé avec Math.

– Je lui ai expliqué pour ton *truc* afin de calmer le jeu, me dit-elle.

J'apprends donc que Paul se charge de raconter à tous ceux qui auraient raté l'épisode que j'ai allumé Math, puis que je l'ai jeté. On se croirait en quatrième. Mon sang chauffe à l'intérieur, mais au lieu de faire de la colère, il se retourne contre moi. Les larmes montent. Ma voix se coince. Je me sens incapable de répondre à Léa : « Et toi, tu crois qui ? » je finis par lui demander, expliquant encore une fois que je me suis accrochée à Math parce que mes malaises me foutent le vertige et que j'ai besoin de me tenir à quelqu'un quand ça arrive. Je me ridiculise. Mais Léa ne se laisse pas émouvoir :

– Math dit que tu t'accrochais vraiment, je veux dire vraiment serrée, pas comme à une canne, et qu'à un moment tu as carrément pris sa main et mis ta tête sur son épaule. Vous êtes allés loin tous les deux, ça me regarde pas mais...

– C'était le temps de passer devant Noémie et Melvil, j'en ai marre d'avoir l'air d'une poubelle. Je lui ai juste pris la main.

– Oui, donc tu reconnais que ton message n'était pas clair. Tu ne peux pas te rouler sur un mec et nous dire après que tu ne te roulais pas... En plus, Nissa avait des vues sur lui, tu l'as super gonflée.

La parole de Math compte plus que la mienne.

– Avec les filles, ajoute Léa, on pense que tu devrais faire gaffe, ce genre d'attitudes te dessert.

On le dit pour toi. Ça fait vraiment allumeuse, donc quand ça ne va pas, tiens-toi à l'une de nous, à un mur, à une table, mais pas au premier mec venu. C'est hyper gênant après… On te défend mais là, franchement, tu as déconné. En plus, on t'avait prévenue, tu sais bien que tu ne supportes plus ces ambiances.

Je me justifie encore : dans la rue, je m'accroche sans arrêt, à n'importe qui. En retour, heureusement, on ne me fout pas la main sur les seins. Je déteste ma façon de me plaindre, de m'excuser, d'autant que je me mets à pleurer trop fort. À l'intérieur, la squatteuse jubile. Mais Léa reste braquée, carrément sadique. Je n'ai pas de solution, et elle me répond :

– Trouves-en une ! Je sais pas moi… Je suis déjà sympa de te prévenir ! Je ne peux pas faire le reste à ta place !

Je connais certaines filles depuis le primaire, alors j'ai été habituée aux querelles, mais j'ai dix-neuf ans, et je suis là, en larmes au téléphone, à expliquer à Léa qui me malmène pourquoi je n'arrive pas à être mieux que moi. Elle finit par me dire :

– C'est bon, arrête de pleurer, je te raconte juste ce qu'on pense de toi, ce n'est pas pour que tu aies honte, c'est pour que ça te serve… Tu peux avoir les mecs que tu veux, donc n'allume pas le premier venu, surtout quand c'est le crush de Nissa. Et puis ça va te faire une sale réputation...

Le ton monte à nouveau. Je reprends au début. Mon entrée à la fac. Le monde qui s'écroule. Est-ce que quelqu'un veut prendre ma place dans cette prison sans mur ? Oui c'est grandiloquent ! Mais Léa reste braquée. Je me sens en trop dans le groupe. Franchement, est-ce que j'ai encore envie d'en faire partie ?

– Tu m'excuses, je vais devoir raccrocher, me dit-elle, j'ai cours, moi. Ce n'est pas facile pour nous non plus de ne pas te reconnaître, tu es devenue tellement bizarre. Quelquefois, on a l'impression de t'avoir perdue figure-toi.

Elle ne croit pas si bien dire. Je rabats la couette sur mes yeux. Les plumes sont une batterie de volatiles, une cour de récré de salopes dans mes oreilles. Je veux quitter ce monde-là. Il est si violent. «Au fond, est-ce que ce voile n'est pas là pour vous protéger de ce qui n'est pas vous ?» dirait mon psy.

S'il me parlait pour de vrai, je froncerais le nez, je hausserais les épaules, enrageant contre lui parce que j'ai dix-neuf ans et que je voudrais des mots calmants, immédiats, des paroles pour enfant, mais il y aurait cette présence douce dans son œil sûr, une couverture sans plumes, qui ne m'étouffe pas. De plus en plus, je me dis qu'il me remet des armes. Qui ne sont pas seulement des spectacles d'otaries habiles ou de phoques joyeux, un ballon sur le nez. Il veut que je jongle ? Quand je l'entends intervenir dans ma tête alors que je ne suis pas en séance, je n'ai pas peur, je ne me sens pas agressée ni possédée, au contraire. J'avance. Et je sors de ma couette.

Juste après, je reçois un SMS d'Axelle :

Je serais toi, j'enverrais un message d'excuse à Math. Explique-lui pour ton truc non ?

C'est comme si une barrière de froid s'était installée contre moi. Mais je décide qu'elle va me tenir chaud. À cet instant, la squatteuse dans ma chambre, c'est moi.

**16 .**

L'éthérée de la famille, VAGuelette. Ça, c'est
maman hier soir avec un coup dans le nez. « Heureusement qu'elle est là pour donner un peu de drô-
lerie à tout ça ! » a dit mon père. Puis il a évoqué un
festival qu'il organise. « Si tu veux, je t'emmène, ça
reposera ta mère, mais si tu couines, je te préviens, je
te laisse sur le tarmac ! » Ensuite, maman s'est adres-
sée aux autres comme si je n'étais pas là. « Je me dis
que c'est peut-être hormonal, son truc. Rappelez-
vous quand elle était petite, elle avait souvent des
plaques au pli des coudes. Elle doit faire de l'eczéma
du cerveau ! » Après, elle m'a regardée comme pour
estimer l'ampleur du flou autour de moi. Avant de
s'occuper d'artistes, elle créait des vitrines pour des
magasins. Ça doit venir de là. « T'as pas bonne mine
en tout cas, tu devrais te mettre un peu de rose »,

m'a-t-elle dit avant de me passer la main dans le dos : «Tu sais Maureen, il faut nous épargner, il y a déjà eu tes pieds de travers, ta scoliose, ton strabisme, c'est difficile de s'occuper de toi en plus du reste. On a le travail, la maison, ton frère… Tu ne crois pas que tu t'écoutes un peu trop?» a-t-elle ajouté en m'embrassant.

Une autre coupette et c'est reparti : «Vous savez à quoi j'ai pensé, moi qui suis une grande lacanienne? Maureen, ça ne vous dit rien? Maureen, ça fait "Mort-in", donc morte à l'intérieur! En fait, Maureen est morte à l'intérieur!»

Mon père est plongé dans ses disques et les classe comme chaque fois que maman a trop bu. Mon frère fouine avec lui. Ma mère parle toute seule. «Enfant, je te donnais du sirop pour la toux afin que tu dormes. Tu pourrais en reprendre, ça te calmerait. De toute façon, tu ne perds rien à essayer.» Ensuite, elle évoque des jeunes de mon âge tellement mieux que moi, pas seulement mon frère mais aussi des cousins, et surtout Lou avec laquelle je jouais, enfant, que j'ai méchamment laissée tomber, et qui évolue drôlement bien. Lou a toujours été fantaisiste elle aussi, mais à présent elle fait Sciences Po, et en plus elle sort avec un garçon formidable qui parle quatre langues. «Elle s'est mise aux claquettes, mais toi, avec tes pieds, ce serait compliqué.»

Je ne sais pas pourquoi maman fait une fixette sur mes pieds. Enfant, j'ai porté des semelles, mais c'est fini. Quant à mon strabisme, il a été opéré – grâce à elle – avant la maternelle afin d'éviter les moqueries, et il a disparu. Mes oreilles s'éloignent. Comme ça, elle pourra dire que je suis sourde. Je vais me coucher. Mon père me murmure que maman est fatiguée mais que c'est une très bonne personne. Je cherche dans les gens mauvais les bonnes personnes. C'est effrayant de se dire que chaque être est fabriqué comme une poupée gigogne.

Je le dirai au Dr Mary mardi. Quelquefois, j'ai envie de pleurer en pensant que je n'ai plus que lui. Quarante minutes de consolation par semaine, et le reste du temps, des coups dans la gueule.

«N'exagère pas, tu as Jérôme!» me dit maman le lendemain, plus normale, quand je me plains de mes amis et de leur comportement après la soirée d'Illiès. Ça me permet de me plaindre sans lui reprocher tout ce qu'elle m'a sorti la veille. «Tu t'attendais à quoi? Franchement, je ne vois pas qui, à part moi, peut te supporter en ce moment! Ça n'avance pas, tu n'aimes pas que je le dise mais c'est la vérité, ça ne bouge pas d'un iota… Tes amis ont autre chose à faire que s'occuper de toi. D'ailleurs, tu vas tous les perdre à force de t'écouter autant.»

Le musée, pourquoi pas. Et puis Jérôme est déjà

là. Mais avant de partir, j'ai besoin de savoir la superficie. Je veux bien essayer d'y aller s'il n'y a qu'une salle ou deux, mais je dois vérifier que les pièces ont des sorties et que les escaliers ne sont pas vertigineux. Je demande à Jérôme quelle est la hauteur sous plafond. Ça l'amuse, mais délicatement. Il tente de répondre à chacune de mes questions le plus précisément possible. Il me met le marché en main : on va aller au musée et, si ça ne va pas, même au début de la visite, on repartira. C'est son côté libellule. Vaillant petit hélicoptère. Ma mère remercie Jérôme et me fait signe de ne pas le perdre, cet ami-là. Au moins.

C'est la mère de Jérôme qui nous conduit au musée, mais elle ne nous ramènera pas. Elle poursuivra sa route. Je suis gênée parce qu'elle a l'air toute contente que Jérôme et moi allions au musée ensemble. Elle nous regarde en coin. Il s'est assis à l'arrière, avec moi, et je ne peux pas m'empêcher de me dire qu'ils avaient prévu le coup tous les deux : le gros sac qu'elle a posé sur le siège passager pourrait être dans le coffre. Sa mère, après avoir évoqué mes *petits problèmes actuels* dont Jérôme lui a parlé, met la radio plus fort, comme un chauffeur de taxi discret. Elle essaie de ne pas regarder dans le rétroviseur mais ça fait bien douze fois que nos regards se croisent. Et je lui souris à chaque fois. Elle m'a dit : « Ça doit être drôlement désagréable ce que tu ressens, mais ça passera, ne t'inquiète pas trop, même si j'imagine que c'est difficile. » Des paroles qui ne servent rien, qui ne changent rien, qui ne guérissent rien, mais qui sont très douces. Et en fait, j'aime ça.

Jérôme et sa mère sont vraiment proches. Il ne fait pas comme mes autres copains, être brutal, désagréable, ou pas naturel avec elle parce que je suis là. Il est simple. On doit être bien chez eux. Et déjà, dans leur voiture, alors que j'ai une toute petite envie de dormir, je ne m'endors pas. Mon corps reste tranquille. Je me concentre évidemment sur le fait de ne pas avoir de malaise, mais Jérôme attire sans cesse mon attention vers autre chose. Il connaît Paris comme sa poche, un parc, un pont, un crochet à foin en haut d'un immeuble. Il me montre tout ça. À un moment, sa mère veut intervenir, mais elle ravale sa phrase comme si elle avait peur de nous voler deux minutes. Elle sait que, pour son fils, m'emmener au musée, c'est un peu remporter la palme. Je me prends pour qui là ? En même temps, j'ai le droit. Ça fait dix-neuf mois que je suis une serpillière. Or, grâce à Jérôme et à sa mère, me voilà assise dans une voiture sans me raidir, sans hurler, sans devenir dingue et sans aboyer. Le voile est fin comme un voilage : c'est peut-être ce qu'on appelle un voyage ? Et puis ça me fait du bien de côtoyer quelqu'un qui est lui-même. Quand je repense à Melvil, à son petit pantalon serré, à ses pieds nus dans ses mocassins pointus, j'ai envie de mourir. Je voyais flou mais si ça se trouve, ils avaient des glands.

On descend de la voiture et je suis sûrement dans un *dreaming state* parce que je flotte. Je cherche ma carte d'étudiante seulement voilà : juste un regard vers ma poche et le sol se met de travers.

– Tu ne m'avais pas dit qu'il y avait un parquet comme ça !

– C'est du point de Hongrie, assez typique du XVIIᵉ… Il te dérange ? me demande Jérôme.

– Il part dans tous les sens et après il recommence ! Je ne peux pas le suivre.

– Donne-moi le bras, et lève le nez. Ne regarde pas tes pieds.

Quand nous entrons dans la première salle, un homme, penché sur une table en bois, dont la plume est éclairée par une lueur jaune, m'apparaît. Mais je n'arrive pas à le regarder, c'est irréel, et le parquet danse. J'enfouis aussitôt mon nez dans le bras de Jérôme. Il propose qu'on aille s'asseoir. Il y a une banquette au milieu de la salle.

– Il faudrait qu'elle soit contre le mur ! dis-je, incapable de rire un peu de moi.

Jérôme ne rit pas non plus. Sa manche sent le graillon. C'est toujours mieux que les parfums à la noix de mes anciens copains.

Je ferme les yeux, je gémis plus fort. Jérôme répond qu'on a tout le temps devant nous pour s'adapter, mais ça ne marche pas. J'ai mal au cœur, j'ai envie de sortir et pas envie à la fois, parce que dehors, quoi encore ? Je prends mon temps comme il a dit. Au bout d'un moment, je desserre légèrement son bras mais je garde les yeux enfouis dans sa manche. Il ne m'encourage pas à accélérer.

– Je profite des tableaux, et quand tu iras mieux, si tu veux, on sortira d'ici.

Je lui répète que je suis désolée, et il me répond qu'il n'avait jamais contemplé les tableaux en position assise et que cette nouvelle façon de les voir est passionnante.

– Regarde la main de l'homme, posée sur la table… D'ici, on a l'impression qu'elle nous écrase. C'est beau, non ?

Je tourne les yeux vers le tableau mais je les referme, je ne peux pas ouvrir entièrement mes paupières. C'est comme si je devais me protéger de quelque chose.

Je fais le tour de la banquette sans me lever et je force Jérôme à faire comme moi parce que je n'ai pas envie qu'il se lève en me laissant seule tout en bas.

On fait ainsi plusieurs tours de banquette. Et je finis par diriger mes yeux vers les tableaux. En ne résistant pas quand ils se referment et se cachent dans la manche de Jérôme. Il dit qu'il y a des tableaux dans lesquels il se sentirait capable d'habiter. Ça me fait penser à ce que m'a dit mon psy, l'autre fois, mettant ses mains autour de ses yeux, comme des œillères qu'il rabattait vers l'avant, pour m'inciter à avoir mon lieu à moi. Et si mon lieu à moi, c'était partout sauf chez moi?

**17 .**

Mémoriser, anticiper. Passer un coup de fil qui risque de me conduire dehors. Il y en a qui rejoignent Pékin à pied. Moi, je fais le tour du pâté de maisons et j'ennuie tout le monde avant, afin de m'assurer que je ne fais pas une bêtise. Je ne peux plus appeler Axelle, alors j'ai appelé Jérôme. Pour savoir ce qu'il pense des boulots d'hôtesse. Je sais, je ne peux pas faire cent mètres loin de chez moi sans qu'une main invisible me rabatte vers mon domicile ; je peux aller jusqu'à Monoprix – enfin jusqu'à la porte, pas dedans –, mais pas jusqu'à la poste. Jérôme lâche alors ce conseil bizarre. Bizarre parce que mon psy me l'a déjà donné :

– Pourquoi, quand ça vient, tu ne te dis pas que tu t'en fous ?

Mon psy, lui, m'a dit d'accepter la crise quand elle arrive. Je n'ai pas répondu mais je me suis aussitôt vue nue. Complètement à poil au milieu de la rue. M'opposer à la crise qui vient, c'est en quelque sorte tenter de garder un vêtement. En fait, quand la crise arrive, je n'ai pas de contour, pas de lisière, pas de barrière. Mais dans ma guérite d'hôtesse, assise, ou debout mais appuyée à un bureau, je serai protégée non ? Jérôme insiste :

– J'ai déjà assisté à tes crises. Si tu en as une, tu la laisses passer, et après elle sera passée. Si tu te braques contre elle, évidemment vous allez vous battre ! Laisse-la venir ! Pour les autres, ce n'est pas spectaculaire, tu ne clignotes pas, tu ne deviens pas turquoise, tu prends pas trois mètres, ne t'inquiète pas.

– Mais je croyais qu'il fallait virer la squatteuse ?

– Bien sûr, mais avec psychologie. Donc montre-lui déjà qu'elle ne te fait pas peur.

J'appelle la directrice de l'agence d'hôtesses à un moment où je me sens plus double que triple. Ça se passe un peu comme si ce n'était pas elle qui me parlait, et pas moi qui l'appelais. C'est la première fois depuis des mois que je m'adresse à quelqu'un sans lui raconter mon problème. Fabienne Pacot Jourdan-Laval m'explique pourquoi son agence est de confiance, et combien elle aime son métier. Elle parle longuement d'elle, puis finit par me donner rendez-vous. Quand j'opte pour la date la plus lointaine, elle s'étonne de mon manque d'empressement.

« Vous voulez du boulot ou pas ? » Je lui réponds que les révisions me prennent beaucoup de temps. Elle a l'air d'apprécier que je fasse des études. « De l'italien ? » s'exclame-t-elle. J'aurais dû dire économie.

Je me sens seule en raccrochant, mais pas tellement plus que d'habitude. C'est ce qui me pousse parfois à me mettre devant le miroir de ma chambre et à prendre carrément peur, parce que mon image m'effraie. Je la trouve bizarre : c'est moi et ce n'est pas moi. D'autres fois, ça me rassure de voir quelqu'un dans ma chambre. Et juste après, je flippe. Je me mords le bras pour vérifier que celle qui mord est bien celle qui ressent. Je suis fatiguée d'être comme ça. En plus, je ne peux pas raconter ces moments-là. Parce qu'il n'y a pas de mots. Je n'arrive pas à expliquer cette absence de moi-même. En fait, je ne suis pas là. Alors je ne dis rien, à personne. Mon père vient d'entrer pour me proposer un tour à vélo.

– Tu viens pédaler avec moi dans la campagne ? Ta mère voudrait des feuilles mortes pour ses bouquets.

Je ne lui raconte pas le miroir. Juste que je viens d'appeler une agence d'hôtesses pour effectuer des missions. Mon père insiste : il n'y a pas de problème, pas d'urgence, et je n'ai pas besoin de gagner ma vie pour le moment. Il faut que je me repose encore un peu jusqu'à ce que ça aille mieux.

– Papa, ça fait dix-neuf mois que je me repose.

– Ne compte pas, Maureen, c'est sans importance. Tu as dix-neuf ans, c'est rien du tout ma belle.

Ma mère me colle des morceaux de sucre dans les poches. Je l'entends murmurer :

– Allez, et puis tu lui remontes les bretelles hein. Elle a surtout besoin de ça… Il faut passer à autre chose maintenant.

Mon frère me tape sur l'épaule comme si je partais à la guerre.

Dans la voiture, au début, je me sens bien. Parce que j'ai poussé mon vélo jusqu'au coffre et qu'il m'a servi d'appui. Les deux mains serrées sur le guidon, j'ai avancé en fixant le point rond au centre de la sonnette. C'est en le lâchant des yeux pour que papa retire la roue avant du vélo que j'ai senti un déséquilibre. Alors je ne l'ai pas aidé à mettre les vélos dans le coffre et vite j'ai foncé dans la voiture, la longeant du dos de la main, le regard vers mes pieds et les yeux fermés, pour que ma mère, à la fenêtre, ne pose pas sur moi son air lassé.

La voix de mon père commence à faire de l'écho. Je ferme les yeux. Il me parle. Mes jambes durcissent, mais il continue à parler. Je tourne la tête vers la vitre, les yeux clos, mais il continue à parler. Il met la radio, et une chanson, plus fort, censée me plaire. Je me mords les joues. Mon cœur décolle. *C'est quand même fou qu'il n'existe pas une piqûre pour arrêter ça.*

La ville s'éloigne. Soudain c'est la campagne, mais je la trouve trop vaste. Je me rends compte que les jets de gens, si brutaux en ville, existent aussi partout, sous forme d'autres jets. Une brouette décorative remplie de fleurs. Des agrès dans les jardins des maisons. Les maisons elles-mêmes. Le vent qui fait bouger les girouettes. Voilà, c'est absurde. C'est absurde parce que c'est une petite construction humaine ridicule et que c'est ce qu'on attend de moi pour l'avenir. Avoir un jour une maison avec un rond-point et une cloche sur son toit.

– Je ne veux pas vivre comme ça, dis-je à papa.

Il me pose la main sur la cuisse. En tapotant, il dit qu'on est bientôt arrivés. Le voile ne se lève pas. Je m'assoupis. Quand je monte sur mon vélo, le voile m'entoure comme une brise. Je me dis que je vais parvenir à le percer mais non, il m'entoure même quand j'accélère. Il s'éloigne, en revanche, quand je gravis une pente. L'effort le ferait-il reculer ? Il s'approche pour m'embêter dans la descente, et pourquoi pas se prendre dans mes roues. Il me fait peur.

Mon père déclare qu'aucune douleur mentale ne résiste au sport. Ça me rappelle un prof de droit, le seul que j'aie eu puisque je n'ai participé qu'à un cours avant d'être envoyée au tapis : « Écoutez-moi, aucun chagrin amoureux ne résiste au travail.

À votre âge, le droit est donc une excellente matière. Si ça ne va pas, travaillez. Si ça va, travaillez aussi. »

Je pédale, avec l'impression très nette de pédaler au centre d'un monde absurde, pour une raison absurde, mais je n'ai rien d'autre à proposer. « Pour le moment », complète mon père quand je m'en plains à haute voix, alors qu'il se baisse pour ramasser des feuilles et que moi, infirme, avachie sur le guidon du vélo, la tête posée dessus, n'osant même pas essayer de me baisser, j'attends que sa cueillette soit finie.

– Tu m'aides ? me demande mon père.

– Non, j'ai mal au cœur. Je ne peux pas me baisser.

– Accroupis-toi !

– Non, ça penche, tout est de travers.

– Souviens-toi des manèges sur lesquels tu montais quand tu étais petite, ça tournait aussi !

Je sens les mouvements, ça me détraque. Même les arbres dans le vent, j'ai l'impression qu'ils sont à l'intérieur de moi. Et puis papa le sait, alors pourquoi il demande ! Je sens trop les choses. Je sens les gens, je sens tout comme si c'était moi. Je suis poreuse en fait.

Je supplie mon père de me ramener à la voiture. Il me rassure :

– Mais non, tu n'es pas poreuse.

Il me parle de l'enrobé drainant, sur certaines

routes, une matière qui guide directement la pluie au plus profond du sol et offre une meilleure adhérence aux automobilistes. Moi, je pense que je suis poreuse. Et j'ai mis dix-neuf mois à trouver le mot, peut-être en pédalant, et aussi parce que personne ne trouvera mes mots à ma place.

18

En fait, je me dégonfle. Je n'y arriverai jamais. Mes parents m'ont prévenue qu'avec leur travail ils me déposeraient en partant le matin mais qu'ils n'allaient pas pouvoir jouer les chauffeurs durant la journée. Ce qui veut dire qu'ils ne pourront pas non plus venir me chercher. Je suis lucide. Tant que je n'arrive pas à faire le tour du pâté de maisons, je ne peux pas viser le Salon de l'agriculture. Mais comme je n'ai pas osé annuler l'entretien avec Fabienne Pacot Jourdan-Laval ni lui demander de m'attribuer des vestiaires mais pas de salles de conférences, maintenant j'ai peur qu'elle m'appelle pour m'engueuler. Ça fait quatre jours que j'attends mon avoinée. Mon bloc de bureau est rempli de « Fabienne Pacot Jourdan-Laval » barrés, entourés, en majuscules, en minuscules, en gothique, chaque lettre transformée en bonhomme pendu avec de grosses traces de praliné parce que je viens de me taper une boîte de Ferrero. Après je les crache, j'en fous partout, c'est dégueulasse. Manger ne me leste pas. Ça me fait peur, je ne veux pas grossir, donc je recrache tout. Mes parents ont fait des commentaires sur l'œuvre, avant de claquer la porte derrière eux et de partir en week-end en amoureux. Alex est chez un copain. Et moi, je vais passer la fin d'après-midi à me retenir de ne pas recracher des Quadro.

Heureusement que sa copine *dans le médical* a convaincu ma mère de me ficher la paix : «Vous faites tout de travers avec Maureen, vous la couvez trop. Arrêtez de l'infantiliser, de la conduire, de l'attendre, il faut qu'elle se débrouille. Partez en week-end, et laissez-la !»

Ils ont quand même rempli le frigo et n'ont exigé de moi aucune *expo*. Ils ont juste voulu savoir si Jérôme viendrait me rendre visite. Oui, sauf s'il part en rando cycliste avec Émilie. Mais depuis qu'Alex m'a expliqué que Jérôme a sûrement inventé Émilie pour me rendre jalouse, je ne sais pas trop quoi penser. En tout cas, ça ne marche pas. Mais ça me touche. Je les imagine tous les deux, enfin Jérôme et sa mère, en conciliabule, et elle qui le regarde dans le rétroviseur du salon (avec vue sur sa chambre) en lui demandant si leur subterfuge a fonctionné. Penaud, Jérôme lui avoue qu'il n'a pas suivi ses dernières recommandations : prendre en photo n'importe quelle jeune inconnue de dos afin qu'Émilie prenne vie dans ma tête et déclenche une jalousie. « Je n'envoie à Maureen que des photos de paysages », confesse Jérôme à sa mère qui ne hausse pas les épaules, ne se fâche même pas, et console : « Mon Jéronimo, on ne te changera pas et c'est bien. Tu es quelqu'un de droit. Un jour, tu cueilleras des poires avec Maureen. »

Je n'ai pas le courage d'aller au musée. À la place, Jérôme me propose un cinéma. Ma mère, qui me téléphone à ce moment-là, commence à me forcer – un film qu'elle rêve de voir ! Sur un pays qu'elle rêve de visiter ! Dans son cinéma préféré ! –, mais Jérôme comprend mes yeux implorants et nous ne sortons pas. Nous feuilletons mon encyclopédie des pierres, acceptant de sauter systématiquement les pages de pierres à reflets.

– Je peux regarder les opales, mais pas les tourmalines. Le reflet, sur l'opale, est concret, comme sur une coquille d'huître. Dans les tourmalines, il est comme dans l'eau, solaire, profond : c'est trop.

Jérôme dit que la prochaine fois qu'il trouvera un galet blanc bien mat, il me le rapportera. Je demande s'il va souvent à la plage à vélo, avec Émilie. Il répond en riant :

– Oh! oui, en tandem même!

Je le trouve drôlement spirituel. C'est dommage pour la libellule. Il va faire un tour et reviendra voir plus tard si je n'ai besoin de rien.

Mon téléphone n'arrête pas de sonner. Mais ce n'est pas Fabienne Pacot Jourdan-Laval. C'est Axelle. Elle ne comprend pas pourquoi je ne rappelle plus, et Léa lui a dit que j'avais pleuré au téléphone. Elle aimerait passer me voir. Elle peut, si elle veut, mais à la vérité je me sens bien depuis que j'ai évacué tout le monde. J'ai l'impression de fabriquer quelque chose de nouveau en virant le passé. Je ne veux pas que les gens qui me connaissaient avant me connaissent maintenant. Je me dis que si je commence une nouvelle vie, je vais pouvoir jeter des brouillons et les crises auront servi à quelque chose. J'ai demandé au Dr Mary si c'était normal que je ressente encore l'envie de m'en sortir et surtout le besoin qu'après tout soit nouveau. «Et vous, qu'est-ce que vous en pensez, vous?» m'a-t-il répondu.

19

Axelle me fait penser à une ampoule pétée qui cli-
gnote. Il n'y a plus rien de poétique en elle. À tel point
que je me demande ce que je pouvais bien lui trouver
jusque-là. Elle commence par me montrer son sac en
répétant vingt fois qu'il est vintage. Et puis elle essaie
de faire comme avant, reprendre nos rituels, nos
phrases. Rien ne fonctionne. On dirait deux mortes
qui décident de bouger quand même et de partir en
pique-nique. On déballe des torchons vides, on s'assoit dans la bouillasse et on se prend les pieds dans
des branches. Pique-nique foiré. Rien. Alors Axelle
s'embourbe définitivement en me parlant de Math.

– Tu sais qu'il est vachement bien ce mec en fait ?
Je l'ai vu hier soir chez Nissa… Évidemment, il a parlé
de toi mais je t'ai défendue. J'ai expliqué à quel point
ton handicap est terrible et que tu regrettes infiniment
d'être venue à cette soirée et de t'être si mal comportée.

Je ne réussis pas à rétorquer quoi que ce soit. Sans

doute parce que je suis une grosse lâche. Au fond de moi, la squatteuse qui est restée la copine d'Axelle l'écoute, complètement dévastée, mais au bout d'un moment je ne la laisse pas faire : Non mais dis donc, tu ne vas pas te laisser écrouler pour cette cruche ! Je suis là moi ! Axelle dit alors :

– C'est drôle que tu gardes encore cette peluche dans ta chambre.

Elle parle de mon ours Krema que j'aurai encore à cent ans, même caché dans un placard, et je me mets alors à éructer. Tout sort. Tout, c'est-à-dire la réserve de colère qui me dévorait le gosier :

– Mais qu'est-ce que ça peut te foutre ? Ça ne se fait pas, dans le décor des gens bien comme vous tous, d'avoir un ours pelé ? Pourtant il est vintage mon ours, non ? Vous vous trouvez malignes, toutes, Léa, toi, à rêver d'un mur couleur paon, d'un plaid en mohair rose poudre et d'une lampe en rotin ? Y a pas autre chose dans vos vies que le décor et le vêtement ? Je ne sais pas si moi j'ai changé mais vous, vous empirez ! Donc si tu es là pour me dire que le seul moyen que tu as trouvé pour me défendre auprès de Math, ce gros porc en rut, c'est de lui dire que je suis une handicapée, eh bien casse-toi !

Mais elle reste. Elle dit que j'ai mal compris. Ça finit par être gênant. On fait silence alors elle tente autre chose. Elle change de sujet. Elle me parle d'un numéro d'acrobate, au cirque d'hiver, avec un contorsionniste monté en haut d'un roseau de huit mètres qui plie sans cesse.

– Vas-y, tu vas adorer.

– Je ne peux pas aller dans les salles de spectacle. Je ne peux pas être enfermée avec des gens, et encore moins m'asseoir sur des gradins. Tu ne m'as jamais demandé ce que c'est, mais l'agoraphobie, en gros, c'est avoir peur que les gens qui t'entourent ne te viennent pas en aide s'il y a un problème.

Elle s'excuse pour l'allusion au cirque mais beaucoup trop, donc après c'est encore moins naturel, et c'est à mon tour de faire des efforts pour parler d'elle, et de son école de commerce. Je ne supporte pas de l'entendre me dire pourquoi ce sera génial après, de se spécialiser dans le marketing. De toute façon, même si elle devenait astrophysicienne je n'aurais plus envie de l'écouter. À cause de l'univers. Trop grand. Mais là, son univers est tellement étriqué. Dans cinq ans, on sera adultes, on dînera le soir avec Noémie qui travaillera dans l'audimat, et Axelle qui sera dans le marketing beauté. On va se faire chier.

– Et le garçon qui te collait, tu le vois toujours au fait… Jérôme c'est ça ? me demande-t-elle.

– Il est sympa. Il ne me colle pas. Il m'aide. On sort souvent et il me rend visite. Si je ne l'avais pas, je crois que je n'aurais plus personne en fait.

Elle pousse des petits rires de poule.

– Au début je le voyais parce que c'est le seul qui ne m'a pas laissée tomber. Mais maintenant je le vois parce que ça me fait plaisir. Il fait de la musique, il a des trucs à raconter. Il m'emmène au musée. Il a une très belle voix. Mais il a une copine. C'est juste un ami je veux dire. Un vrai.

Après, j'ai de la peine parce que je ne supporte pas d'être méchante. Du coup, je dis à Axelle :

– Je répète que je n'en veux à personne de m'avoir laissée tomber parce que mon truc est invivable, mais la vérité c'est que je vous en veux, à tous, et à toi aussi. Je suis désolée.

Axelle se défend :

– On se voit moins mais je ne t'ai pas laissée tomber. Au début, je t'emmenais partout et je te ramenais dès que ça n'allait pas, rappelle-toi quand même…

– Oui, au début. Mais après tu t'es rendu compte que j'étais un boulet, et que mon truc ne passait pas, alors tu as fait comme les autres.

– Mais je suis là, non ? me dit-elle.

– Oui, parce que tout le monde parle dans mon dos depuis la soirée d'Illiès. Tu as pitié j'imagine.

– Si tu l'as compris comme ça, excuse-moi, dit Axelle. Moi, je viens juste te voir parce que tu es ma copine.

20

En partant, elle m'a laissé un cahier de coloriages. Pour adultes, a-t-elle précisé.

– Je ne comprends pas le message, dis-je à Jérôme à qui je viens de confier mon énervement contre Axelle.

Il la défend.

– Tu prends souvent les trucs de travers. Mais j'ai lu que l'agoraphobie épuise… Et sans doute que parfois ça te met à cran…

– Et alors ? Tu veux me dire quoi ?

– Par exemple, là, tu aboies, tu t'énerves, mais c'est sans véritable raison. Ta copine t'apporte des coloriages parce que tu lui expliques que tu ne peux pas rêvasser et que tu as besoin de te concentrer. Grâce à son cadeau, tu vas devoir t'appliquer pour colorier des dessins fins, sans déborder. Elle t'offre des fleurs à colorier, des fleurs qui ne te feront pas rêver ou divaguer.

C'est gentil. Ça ne l'empêche pas de parfois mal agir. Mais ce n'est pas tout le temps, tu comprends ?

Vraiment, pourquoi la libellule ? J'aime quand il me tient tête. On dirait un missile pas antimissile. Un missile qui trouve sa cible. Il tape juste. Ensuite, il me raconte qu'il a toujours écrit sur ce genre de supports, des coloriages, des mots croisés, pour que personne n'ait l'idée de feuilleter ses cahiers. C'est sa technique de cadenas. Moi qui me désespérais de voir des mots fléchés dépasser de ses poches.

– Mais tu écris quoi ?

– Des sortes de journaux de bord, me répond Jérôme.

– Tes randos à vélo ?

– Maureen, tu n'as pas le regard de tout le monde sur les choses, sur le monde. Ce que tu vis, avec tes crises, tu devrais l'écrire. Parce que quand ça s'arrêtera, il ne faudrait pas que ça se perde. C'est un peu magique !

– Hein ?

– Oui, c'est de la magie. C'est quelque chose de spécial, c'est caché, c'est un secret. Ce n'est qu'à toi. Personne d'autre que toi peut l'écrire ! Tu penses que ce truc a bouffé ta vie, mais en vrai, il la relance. Il te donne la chance d'avoir une place qui est vraiment la tienne. Tiens, d'ailleurs j'en ai deux pour *Les Pêcheurs de perles* ce soir, tu veux venir ?

– Tu n'y vas pas avec Émilie ?

Il pouffe. Il dit qu'il a rendez-vous avec elle justement. Et j'accepte pour l'opéra. Il passera me prendre à 18 heures. Quand il part, son histoire de place donne des coups dans ma tête. Ça fait écho au Dr Mary. Qu'est-ce qu'ils ont tous les deux à dire souvent les mêmes mots ?

Je ne dois pas traîner. Dix-huit heures, c'est dans quatre heures et je veux baliser le trajet. Je regarde le plan. Trente-six minutes à pied. Quatre places. Deux avenues. Trois boulevards. Impossible de trouver un moteur de recherche pour agoraphobes qui tracerait des chemins sans grands espaces, avec des murs tout du long, sans voiture, et sans passage piéton. Je me dessine quelques solutions de repli. Comme d'habitude, je m'accroche aux rues que je connais, mais les rues que je connais ne sont pas forcément mes refuges. Parmi elles, il y a toutes celles que je ne peux plus prendre. La rue de la Jonte, parce que j'y suis restée coincée dans l'entrée d'un garage. Je m'y étais enfoncée pour me reposer deux minutes et là, gel de mes pattes arrière, impossible de repartir, accroupie par terre comme une junkie. La rue Pastourelle, à cause du magasin de déguisements qui fait des reflets. J'ai regardé la vitrine mais j'ai vu la rue défiler derrière les masques, et moi, apparaître au milieu des chapeaux, alors je me suis perdue dans trop de couches d'images. J'ai appelé maman en pleurant. Le boulevard de Nancy, que je n'ai pas pu traverser en une fois et sur lequel je me suis retrouvée bloquée, au milieu, accrochée à un feu comme à une barre de bus. Quarante-deux minutes. Rue Malesherbes, où tout allait bien quand la déflagration d'une moto m'a fait bouillir le sang, le remontant à la surface de ma peau. Place Grande, où je me suis figée, à quelques mètres d'une terrasse de café, prise de vertige, alors j'ai attrapé un bras qui passait mais la personne m'a repoussée : « Hé ! Oh ! ça va pas non ! » et j'ai dit « Pardon, j'ai le vertige », alors la femme est revenue, a vu mes larmes, a accepté que je la tienne, mais je la détestais déjà de m'avoir rejetée à ce point et j'ai juste dit « Posez-moi là », indiquant la fontaine. Quand la dame est partie, j'ai cru que j'étais dans un décor de théâtre, avec une fontaine en carton et des pavés dessinés sur le sol. J'ai pensé que les gens étaient des acteurs. J'ai appelé ma mère mais j'ai pensé qu'on nous écoutait et qu'on l'empêcherait d'arriver. Quand elle est arrivée, je me suis dit que ce n'était pas elle, mais plutôt une caricature. Elle avait les bras en l'air : « Mais ça va s'arrêter ton machin oui ! Si je me fais virer, on saura à cause de qui ! Je t'ai déjà dit, Maureen, quand ça t'arrive, essaie d'attendre que ça passe. Tu m'empêches de vivre, là ! » Une fois radoucie, dans la voiture, elle a dit : «Désolée, il arrive que les parents s'énervent violemment pour pas grand-chose.» Je lui ai trouvé la peau fatiguée, grise et ridée, comme un papier mâché qu'on lui aurait posé dessus. À partir de l'incident de la place Grande, j'ai commencé à me demander si tout était faux. S'il n'y avait pas des papiers peints décoratifs, même sur ma mère.

C'est pour ça aussi que ça pourrait dégénérer. Alors j'envoie un message à Jérôme pour annuler l'opéra. Et puis j'ajoute un truc nul. Enfin ce n'est pas moi, c'est cette peste de squatteuse.

Tu devrais peut-être essayer la barbe de trois jours.

## 21.

Je souffre d'un TAG qu'on n'écrit pas sur les murs, parce que les murs bougent. Même si je ne suis ni diagnostiquée ni mourante ni timbrée. Et pire, je souffre de plus en plus, parce que les gens autour de moi sont devenus faux. Je suis peut-être entourée d'un voile, mais eux sont carrément entourés d'un film. Un film de cinéma, avec des images qui défilent sur eux, comme des sortes de photos plaquées. Ça s'appelle des clichés je crois. Ils prennent des poses. Et dans la vie, d'accord. De temps en temps, OK. Je n'ai rien contre. Moi-même, niveau pose, j'ai tout donné à l'époque où le missile anti-missile entrait dans mon champ de vision. Mais le problème, c'est quand ça s'installe. La pose tout le temps. Et peut-être que c'est de ma faute, parce que mon *truc* rend les gens creux. Mais voilà, je ne le supporte plus. «Qu'est-ce que tu te la pètes», me dit la squatteuse qui a passé l'après-midi à s'étirer dans mon lit, m'empêchant de tenter toute *expo*. Elle se plaint du joueur de bandonéon qu'on entend dans la cour. Elle dit que les flics ne sont pas avec elle et qu'un jour elle lui enverra l'armée. Elle ronchonne comme une vieille conne.

Je souffre parce que je m'emmerde. C'est un début de roman, ça? Dès que j'ouvre l'atlas du monde, les pages de déserts, de montagnes et d'océans me font reculer. Ma chaise de bureau roule comme si une main m'attrapait par le col et m'empêchait de tomber dans le décor trop grand. Mais ce n'est pas une main qui me protège, c'est une main qui me bloque. Je l'ai dit au Dr Mary et j'étais contente qu'il trouve ça intéressant mais quand j'ai demandé: «Et donc, on fait quoi?», il m'a répondu d'un léger sourire de la main qui s'ouvre. Alors j'ai dit: «Non, je ne sais pas à qui est cette main, en tout cas ce n'est pas la mienne.» Et la squatteuse m'a fait une sorte de clin d'œil. Assez sympa, je dois dire. Et on a eu envie de vomir ensemble sur la cravate avec les phoques. Ou les otaries. On a pensé que le transfert ne pourrait jamais fonctionner à cause de cette cravate. Le transfert qui fait que je dois tomber amoureuse de mon psy pour qu'il se passe un phénomène surnaturel et que je guérisse.

Je dois être câblée de travers. Chaque fois qu'une personne normale réussit quelque chose dans sa vie, comme tomber amoureuse de son psy pour guérir, obtenir un stage, choper un job d'été, choper un mec, moi, pendant ce temps, je suis en panique sur l'autoroute de la peur. Mes copines vont avoir des diplômes, des projets de vacances, des futurs. Pour ma part, je suis reliée à un déclencheur d'orages. Mais je dois être un paratonnerre, puisque je me prends systématiquement la foudre. Je suis grillée. Je ne sers à rien. Finalement, à part Jérôme qui a trouvé pour s'adresser à moi ce généreux «on» qu'il fourgue à toutes les sauces: «On ne s'inquiète pas, on va s'en sortir», c'est mon frère qui est le plus naturel. Il a peur pour moi, et il le montre. C'est souvent grotesque, mais ça me fait rire. Comme les parents sont absents ce weekend, il m'a proposé de sortir avec lui chercher des pizzas. Il est tellement stressé que je suis obligée de le détendre.

– Arrête de tout anticiper, tu m'angoisses.

Il cesse d'énumérer les options de repli qu'il a envisagées. Mais moi, je n'ai pas envie d'aller chercher des pizzas avec lui. Alors Alex part à la salle de sport. On s'occupera des pizzas à son retour.

– Ça te laisse le temps de bien te préparer mentalement. Pense à ton psy surtout! me recommande-t-il.

Je peux peut-être commencer par ça. Pense à ton psy. Bon début de livre. Je file à mon bureau. Je cherche le feutre idéal pour écrire par-dessus le coloriage. Je vais décrire ça. Mes parents absents, mon frère pas là, l'opéra annulé, et moi qui attends. Rien. Ce sera peut-être pénible comme début de livre, mais il faut que ça ressemble à ma vie. Jérôme a insisté. Ma manière de regarder le monde n'est pas celle de tout le monde. Alors je regarde ma chambre. Les affiches de comédies musicales dont je n'ai rien à faire, mais j'ai imité mes copines. Des photos de famille où on sourit tous alors qu'à l'intérieur on ne le pense pas. Moi, par exemple, j'ai toujours souri en pensant à toute la peine dans chaque être. Quelqu'un est sur la photo qui ne voulait pas y être. Soit un adulte qui cache un secret, soit un enfant déçu par le cadeau qu'il a reçu. Je regarde ma collection de parfums miniatures, parce qu'avant j'avais un nez très performant. Dans la rue, je citais toujours le nom du parfum des gens. Depuis que je ne dois plus rêver, j'évite de m'attarder sur les odeurs. Je ne veux pas qu'elles m'entraînent ailleurs. Ce qui est compliqué, c'est de faire le lien entre les flacons, les affiches, les souvenirs, le morceau de mur au papier peint arraché, la boîte à musique qui fait boîte à bijoux. Comment font les gens qui écrivent ? Le joueur de bandonéon qui énerve la squatteuse en moi quelquefois. Je peux commencer par lui ? Par son bruit ou par sa musique ? Je me mets à la fenêtre mais je me sens mal soudain, trop étrangère à tout et incapable d'écrire ce minestrone. La rue lointaine, mon sang qui commence à s'affoler, mes mains froides. J'ai annulé l'opéra pourtant, je peux rester ici, tranquille, je peux même me coucher si je veux. Alors quoi ? Pourquoi ça vient maintenant ?

On sonne à la porte. C'est une sonnerie de film d'horreur. Le *ding* et le *dong* bien séparés en deux comme si la personne qui sonne avait pris la main sur la mélodie de la sonnette. Puis c'est le silence. Moi, debout, la main sur le mur pour être stable. Je sens quelque chose de froid dans ma chambre. Comme après une fête, quand tout le monde est parti mais qu'il reste quelques ombres. Il faut que je garde ça en tête pour l'écrire plus tard. Car je ne peux plus reprendre mon stylo. Je sens que je dois quitter la pièce. Mais j'ai peur d'aller dans le couloir. Surtout que la sonnette recommence avec son ding-dong mené par un doigt certainement habile, aussi capable de déjouer les serrures. J'avance doucement dans le couloir, l'épaule appuyée contre le mur. Soudain, je me ratatine par terre, prise d'un plus grand vertige, devant la chambre d'Alex. La porte s'ouvre sous la pression de mon dos. J'entre et je referme derrière moi d'un coup de pied. Mais je me sens mal dans ce décor. Rien n'est vrai. La musique s'élève plus fort dans la cour. C'est déjà l'entracte à l'opéra, alors Jérôme m'appelle. Je m'empresse de passer mon téléphone sur silence et je ne lui réponds pas, alors il envoie un message :

C'est noté pour la barbe de trois jours. Et les santiags à clous.

Je me cramponne à mon téléphone. J'entends un bruit dans l'entrée.

OK, c'est dans la maison. Je me lève, je cherche une cachette dans la chambre d'Alex. Mais je me croise dans son miroir, et je reconnais tout, mais pas mon visage dans la glace, alors je le griffe pour le décoller mais la peau est attachée. Je suis où dans moi ? Je gémis, la main devant la bouche pour ne pas qu'on m'entende.

**22 .**

Jérôme m'a entendue. Il a compris par mon silence que ça n'allait pas et il a rappliqué chez moi sans attendre la fin du deuxième acte. Il m'a envoyé un message avant, alors quand il a sonné, le ding et le dong se sont bien enchaînés. Et j'ai fini par lui ouvrir. En vrac, essorée par les rencontres multiples que j'avais faites avec la squatteuse, je me suis mise à pleurer. Il ne s'est pas apitoyé mais il ne m'a pas non plus commenté *Les Pêcheurs de perles* comme si de rien n'était. Quand il s'est assis dans le salon, la squatteuse est partie. C'était flagrant. La lumière était douce, l'ambiance sereine. J'ai raconté :

– Ça a été horrible. Elle a sonné à la porte. Elle est rentrée. Elle m'a tout mis à sac.

– Tout quoi ?

– Mais j'en sais rien ! D'habitude, elle a mon âge. Enfin plus exactement elle est tout ce que je déteste chez les filles de mon âge. Mais là, elle était pire, collante, suintante. Tellement flasque qu'elle aurait pu passer sous une porte.

– OK, écoute-moi Maureen, c'est comme si tu hébergeais une enfant qui hurle parce qu'elle a peur. Console-la au lieu de l'engueuler.

– Tu es taré Jérôme, en fait. Tu es aussi taré que moi. Tu rentres dans mon flou, c'est pas bon signe! Comment tu veux que je parle à un truc qui n'existe pas?

– Avec humour.

– C'est-à-dire?

– Je sais que ce n'est pas drôle mais parle-lui. Dis-lui «Ah! salut, tu viens me raconter quoi ce soir? Tu profites que je suis toute seule pour venir me faire paniquer? Ben, viens, entre, tu t'ennuyais? Pas de problème! Moi, je lis, mais installe-toi si tu veux.» C'est ça, accueillir! Et puis donne-lui un visage, un corps, mets-lui une barbe de trois jours si ça t'amuse, fais-lui raconter des histoires de «Monsieur et Madame»… Fais de l'art avec ton truc.

– Je suis possédée!

– Mais tant mieux! Tant mieux! Il y a tellement de gens qui sont vides! Tu es pleine! Réjouis-toi! Raconte-le aux autres, qu'ils aient le droit d'en avoir un bout!

– Et pourquoi tu me parles d'un enfant qu'il faut consoler? C'est complètement con!

– Je ne peux pas te le dire…

– Pourquoi ?

– Parce que j'ai peur d'abîmer ta thérapie. C'est à toi de trouver. Mais moi, ce que je pense…

– Oui, vas-y, abîme !

– Je pense que se détacher, c'est se séparer. Tu n'arrives pas à te séparer de quelque chose. Et moi je pense que c'est de ton enfance.

– Mais je l'aime pas mon enfance ! J'ai envie de partir au contraire !

– Eh bien, elle te demande de l'aimer avant de la quitter. Ce n'est pas plus compliqué que ça.

Je regarde ses pieds. Même quand ma mère n'est pas là, il retire ses chaussures. Il a des chaussettes marron avec des rennes rouges. Pas des phoques ou des otaries un ballon sur le nez, mais ça ressemble.

– J'ai lu ceci : « La crise d'angoisse est une protestation face à une séparation. » Toi, tu veux te séparer, donc c'est pas toi qui protestes, c'est la petite chose dedans. Écoute sa protestation.

– Tu devrais faire psy plutôt que socio, non ?

– C'est prévu, je fais le pont entre les deux l'année prochaine. D'ailleurs, je peux te dire que c'est grâce à toi. J'adore ton truc.

Ça va, parce que c'est Jérôme qui le dit. Quelqu'un d'autre, et je lui retournais le salon sur la gueule.

23

Un ophtalmo vient de m'insulter. Je lui ai refusé l'entrée B de l'amphithéâtre, respectant l'ordre de ma chef hôtesse qui m'a placée dans le sas d'accès à la salle en précisant : «À 9 heures, la conférence débute et tout retardataire, même ministre, doit prendre la porte A.» Mon corps barrant la porte B, j'ai interdit à l'ophtalmo de passer. Il m'a lancé : «Déjà que vous avez une gueule de conne et que vous faites un boulot de conne, vous pourriez au moins le faire correctement.» Piquée au vif, enfin je crois, je n'ai rien répondu, car Fabienne Pacot Jourdan-Laval dit que serrer les dents fait aussi partie de notre beau métier. L'ophtalmo, professeur de sur-croît, a exhibé sa fureur en tentant de me claquer la porte du sas au nez mais il n'a pas pu, car les portes de sas ne se claquent pas en se refermant. Elles se colmatent, elles s'apaisent, elles se referment, comme des paupières sur des yeux. Des paupières douces. *Je t'emmerde sale con*, j'ai pensé. Enfin pas moi directement, mais l'espèce de robot-machine-hôtesse que je suis devenue. Ou l'inverse. J'ai pensé, mais elle a tenu. C'est ça en fait. L'hôtesse tient bien. Elle est mon déguisement, peut-être ma carapace.

Je me sens assez confortable dans ce sas où j'étais aussi enfermée toute la journée d'hier. La chef hôtesse a voulu me changer de poste pour le deuxième jour de congrès des ophtalmos et m'offrir une place de choix au bureau d'accueil mais j'ai refusé. «Distribution de badges et de programmes! C'est quand même plus chouette que de passer la journée entre deux portes, éclairée par le signal d'issue de secours, non?» Je lui ai souri. J'ai remarqué que mon mystère lui plaît bien. Silencieuse, efficace et solitaire. À 9,56 euros brut de l'heure, je vais avoir 70 euros à la fin de la journée. Quand je sortirai de mon sas. Je ne pense qu'à ça. Je les additionne, je les retranche, je les multiplie. Je gagne ma vie depuis trois semaines. Séminaire de la Banque postale, soirée des maires d'Île-de-France, congrès des notaires, congrès des ophtalmos. Fabienne Pacot Jourdan-Laval aime mon travail et me rappelle, à peine mes missions terminées, pour m'en proposer d'autres. «Vous êtes parfaite. Et jamais en pause.»

C'est sûr. La machine-hôtesse sait comment s'installer à son poste mais il ne faut pas lui demander de se ruer en pause dans un endroit inconnu, avec ses collègues. Elle s'est donc inventé un diabète léger qui la contraint à ne manger que le soir. La chef n'y a vu que du feu. «Tu prends tes pauses quand tu veux», m'a-t-elle proposé quand elle a constaté que je n'en prenais jamais. Je lui ai refait mon sourire profond qui fait reculer. En plus, elle m'adore parce que je demande toujours les postes que personne ne veut. La semaine dernière, j'ai passé neuf heures dans un ascenseur qui accompagnait les gens à différents étages d'une tour sans jamais réclamer le poste de l'hôtesse qui faisait la navette entre les jardins et les salons.

Je pense breveter la méthode que je viens d'élaborer pour supporter le moment où l'amphi se vide. En tant qu'hôtesse d'accueil, je ne dois pas me tenir de façon négligée en m'appuyant au mur par exemple, donc environ dix minutes avant la fin des conférences, je sors du sas et je bloque les deux portes externes en position ouverte, afin de me réhabituer aux lumières jaunes et vives du Palais des congrès. Je retourne ensuite dans le sas, et je me tiens à la poignée de la seconde porte que je prévois de maintenir ouverte au moment du passage du public. Je me soutiendrai ainsi à quelque chose, toujours dans la pénombre et, avec un peu de bol, personne ne viendra me dire que je peux coincer la porte. Parce qu'hier le gars de la sécurité m'a montré le système de vis au sol et j'ai été contrainte au mensonge : «Je n'ai pas le droit de visser la porte au sol, je suis payée pour la tenir.»

Trois cents ophtalmos vont jaillir de la salle dans quatre minutes pour aller boire un petit café et ne pas voir que mon *dreaming state* bat son plein. Qu'importe. Dans mon tailleur fuchsia, avec mon camélia noir en broche et mon collier de perles, je ne suis pas moi. Je suis une personne déguisée et à l'intérieur de cette personne sévit peut-être un bout de moi qui essaie de rigoler de ce qui se passe. Par exemple, ce matin, avant la fermeture du sas, donc avant 9 heures pétantes, je me suis fait draguer par un grand vieux tout maigre qui sentait le gruyère. Il m'a parlé en pleine poire pour me remercier de si bien illuminer le sas. N'importe quoi. «Le soleil devant la porte!» Le lourdingue. Moi qui fais mes décomptes dans ma tête de robot, il s'imagine qu'il va me charmer avec son bucolisme. Un, je souris. Deux, je tire la porte. Trois, je me fiche du fait qu'en tirant la porte j'ai l'impression de tirer le décor sur moi. Quatre, je tousse si le décor a trop bougé et que le vertige est trop grand. Je tousse à en déchirer le décor. Cinq, l'intermède est fini. Ils seront tous bientôt assis, et je refermerai les portes. Dans le sas, le son est doux. Mais je ne veux pas ressentir l'émotion de cette douceur ni me dire quoi que ce soit sur le fait que je me sens relativement bien. Parce que j'ai peur que la crise entende. Pas l'hôtesse. L'hôtesse s'en fout. Sauf quand le relou se sent obligé de m'apporter une chaise pliante et de me montrer qu'il y a la place, pour moi, à l'intérieur de l'amphi, afin que je puisse écouter les conférences et ne pas rester coincée toute la matinée dans mon sas. J'ai beau réitérer mon refus, il y tient. C'est comme un secret entre nous.

– Mettez-vous là, vous n'allez pas rester coincée entre deux portes, c'est de la maltraitance! chuchote-t-il. Après, il rit tout seul.

– En plus, on fait deux heures sur les fonds d'œil, vous allez voir, c'est magnifique, on dirait des insectes! Vous n'avez jamais vu un fond d'œil?

*Non, à part le tien, plein d'huile de friture, gros con.* Je vais finir avec un syndrome de la Tourette si j'agresse mentalement chaque personne œuvrant à mon mieux-être. Je baragouine un refus, un vrai non qu'il n'entend toujours pas, alors il s'approche avec son gruyère pour mieux m'entendre. Heureusement, il recule, car le spectacle commence. L'écran géant sort les premiers fonds d'œil. Dieu merci, ce n'est pas un congrès de gynécologie. Le spectacle est édifiant, je n'avais jamais vu de fond d'œil mais ça ne va pas être possible. Fond d'œil et malaises d'agoraphobe ne vont pas ensemble. On dirait des images de kaléidoscope. Je vais mourir. Le gars se retourne depuis son siège. Je suis debout, à côté de la chaise que je tiens d'une main. Il hoche la tête, comme un curé qui invite à s'asseoir. Je vois une hôtesse de l'autre côté de la salle, un micro à la main. Elle est «volante» et va permettre aux gens d'intervenir dans tout l'amphi en passant le micro aux uns et aux autres. Faites que je n'occupe jamais ce poste! Hôtesse volante! Angoisse totale. Je veux retourner dans mon sas, ne pas avoir d'images qui me provoquent trop d'anticipations, alors je le fais. Le dragueur avec sa chaise m'a bougé mes repères, et je dois regagner mon état brut, détaché de toute émotion. Calmer le petit être mouvant à l'intérieur. Redevenir un simple être utile en surreprésentation. Le Dr Mary m'a demandé:

– Pourquoi sur?

– Sur?

– Vous dites surreprésentation?

– Il n'y a rien de moi dans l'hôtesse. J'exécute des tâches qui ne m'intéressent pas, je m'adresse à des gens comme si j'étais une voix qui répète une mission. Je m'arrange pour ne jamais m'adapter aux êtres, afin de ne pas tomber en empathie. Si je suis brutale, comme une machine, je ne me détache pas.

– Intéressant.

Merci. Ça fait vingt mois que j'explique à mon psy mes mauvais rapports entre ma sève et mon écorce, le fait que je n'ai pas de racines, que mes feuilles s'agitent au vent, mais quand je lui dis que, depuis que je suis hôtesse, je place mon cerveau en veille le temps d'exécuter des actions qui ne m'intéressent pas, et que j'ai trouvé cette méthode pour ne plus rien ressentir, et surtout pas d'angoisse, je fais sa joie.

24

Le Salon de l'auto et du véhicule utilitaire? C'est la première fois que j'entame un dialogue avec Fabienne Pacot Jourdan-Laval car j'ai besoin de savoir si les camions à sirène auxquels elle m'affecte vont être visités par le public, ou pas. Si je suis dans le fourgon de pompiers, par exemple, est-ce que je dois rester debout, à l'intérieur du véhicule, devant la portière pour la décorer, ou plutôt inviter les gens à entrer, me retrouvant ainsi coincée dans le poids lourd hurlant avec des visiteurs en furie? «Non, ce n'est pas la visite de Versailles, on ne guide pas à travers les pièces, me dit Fabienne Pacot Jourdan-Laval. Vous serez sur le stand, dans l'uniforme "utilitaire", et vous distribuerez des sacs plastique à l'effigie de la marque.»

Mais ça ne répond pas aux sirènes. Si jamais je suis sur le stand des véhicules utilitaires et qu'une sirène retentit, même armée de sacs plastique, je vais paniquer, je le sais. La machine-hôtesse ne suffira pas à me contenir. «Mais pourquoi veux-tu que les gens mettent les sirènes en route?» me demande Jérôme à qui ça ne viendrait pas à l'idée de mettre une sirène en route. Mais Jérôme est comme moi, c'est un être de la marge. J'ai pigé maintenant. C'est pour cette raison qu'on s'entend si bien. Il n'a jamais été ado, il a des occupations de vieux, il est serein comme un vieux. Et j'aspire à être vieille, pas forcément avec lui, mais comme lui. Une vieille calme. Au Salon de l'auto et du véhicule utilitaire, les gens jeunes même vieux montent dans les véhicules et commencent par appuyer sur les sirènes. C'est évident, je sais que j'ai raison. En deux, c'est le klaxon, et en trois, les appels de phare. Tout le monde reste jeune dans sa tête au Salon de l'auto. Mais de toute façon, Jérôme n'irait jamais au Salon de l'auto.

Et j'ai tout parfaitement pressenti. À part que le klaxon vient en position numéro un. C'est même la petite alerte qui fait frémir mon uniforme utilitaire, une combinaison argentée à une seule manche. Mon bras nu a la chair de poule. Le garçon qui klaxonne attend que sa mère ait fini la vidéo de lui au volant du camion de pompiers pour arrêter de klaxonner. Et lancer la sirène. Et donc le gyrophare. Et là, les gens… sourient. C'est à dire que l'hôtesse qui est au pied des véhicules entend durant dix heures (je rappelle qu'elle ne prend jamais de pause) des sirènes. Aucun ophtalmo n'est là pour lui tendre une chaise alors parfois, elle se met au pied de l'ambulance plutôt qu'au pied du camion de pompiers, parce que la sirène lui fait moins peur. Elle n'est pas moins forte, mais le son est moins strident. Et là, l'hôtesse attend. Sans sacs plastique, car ils lui ont été arrachés pendant les six premières minutes de sa mission. À 10 h 06, elle est nue. Vivement la distribution des crayons, qu'elle puisse à nouveau s'accrocher à quelque chose. Le pire, c'est que l'hôtesse sait par Axelle que certains ex-amis vont venir aujourd'hui sur le stand des voitures de course et même si elle se raisonne : *Les voitures de course ne sont pas garées près des utilitaires, elles ne sont pas dans le même bâtiment*, elle flippe à l'idée qu'on la reconnaisse, avec son bras à l'air et sa combi argentée, au pied d'un véhicule à la sirène hurlante.

Mon nouveau chapitre va commencer comme ça. *Sirène hurlante mais pas dans moi. Je suis un décor froid. Un mur. Un robot quatre fonctions. Bonjour, sourire, au revoir, première à droite. Pas de sentiment. Empathie feinte, ponctuelle. Mon sang file à la surface mais c'est la surface d'un ruisseau. Je contiens des petits poissons. Deviendront grands.* Nul ! Au fond, je stabilise. Je laisse le sang filer sur mon enveloppe d'hôtesse.

Je prends une courte pause aux toilettes mais elles sont situées loin de mon poste. Il y a une file d'attente terrible, et la cabine est insalubre. Autant dire que je fais ça une seule fois. Après, j'arrête de boire pour tenir toute la journée. Je m'installe comme du béton dans le décor et l'hôtesse ne se détache pas, malgré le bruit, l'espace et la foule. L'hôtesse tient le coup comme une hôtesse de l'air en plein crash. Visage détendu, regard confiant. Quelquefois, je m'accroche à ses sourcils : elle fronce. Par ailleurs, l'hôtesse se fait draguer en permanence, même un petit billet une fois dans un ascenseur, ce qui n'arrivait pas tellement dans la vie. Il faut dire qu'avec mon bob de pluie à larges bords et mon parapluie par beau temps, je n'excitais pas grand monde. Là, ça doit être le bras nu ou la teinte argentée de la combi qui attire comme du papier tue-mouche. Je laisse faire l'hôtesse. Recadrage, humour. Dédain interdit par Fabienne Pacot Jourdan-Laval. Insultes, idem. « Un dragueur vous ennuie, faites preuve d'esprit. »

Jérôme m'a offert un autre cahier de coloriages, des plages cette fois, pour que j'aie de grandes étendues de sable blanc et la place pour écrire. « Si t'en as marre de colorier des plages, j'ai toujours mon *Cars* de quand j'étais petit », m'a dit Alex qui ignore que mes cahiers de coloriage sont noircis de mots, de sentiments. Pas trop de sensations. Je dois encore les garder à distance.

J'en suis page 32, ce qui veut dire qu'à la fin du Salon du véhicule utilitaire, j'en serai peut-être page 40. Quand je rentre chez moi, je ferme la porte de ma chambre et je me couche avec mon coloriage. Ma journée ressort. Je la vis une première fois en mode robot, et une seconde en l'écrivant. Par exemple, Melvil qui fait le détour pour passer par mon stand, c'est confortable de l'expérimenter en machine-hôtesse, mais c'est magique de le revivre avec moi-même. Je le vois arriver, petit pantalon serré, qui rêve d'une Porsche, ça se voit dans sa démarche, et peut-être même que je le reconnais à ça. Il me tape sur l'épaule, comme les adultes entre collègues qui se retrouvent à un spectacle de comité d'entreprise pour Noël. Un jour, ma mère nous a emmenés voir un spectacle de magie grâce à son comité d'entreprise et elle ne pensait pas qu'il y aurait plein de gens de sa boîte. Ils se sont pourtant tous retrouvés et on était gênés, avec Alex, de voir papa qui faisait le con pour être bien considéré par les collègues de maman, genre : « Salut, ah ! c'est donc toi le fameux bidule ! » Au secours. Et ça rentre très bien dans mon livre à ce moment-là. Melvil et le fameux bidule. C'est ce que je vais appeler une tresse. Je tresse la tape de Melvil sur mon épaule et le comité d'entreprise de maman à la soirée de magie. Et ça fonctionne, ou ça fonctionnera. Parce que ridiculiser Melvil est important, mais il ne peut pas être le centre d'une scène. Le livre n'est pas un règlement de comptes, m'a rappelé Jérôme qui tient vraiment à ce que mon roman raconte exclusivement mon *détachement*. «Oublie ton TAG, oublie ton agoraphobie, mais fais-les vivre à ton lecteur par tes mots. Accueille ce qui vient, et protège-le dans ton livre.»

Mais je n'écoute pas Jérôme quand j'écris. En gros, je vidange. Si je veux que la machine reparte au turbin demain matin, je dois la remettre à neuf. Le problème, c'est que j'ai peur de m'endormir tard. Pourtant, ça fait plusieurs jours que je sais que si je n'écris pas, je ne repartirai pas. Alors je veille tard, très tard, comme je ne l'ai pas fait depuis vingt-quatre mois. Je m'endors à 3 heures du matin, pas parce que je rentre de boîte mais parce que j'écris.

25

Salon du véhicule utilitaire, jour 2. J'ai réglé son compte à Melvil. En moins d'un chapitre, il a été kaput. Rien de lui n'a résisté. Dans mon roman, je l'ai affublé de mocassins en soie. J'allais continuer avec des bretelles mais Jérôme m'a remise sur la bonne voie. Écrire n'est pas caricaturer. Ne règle pas tes comptes de façon primaire. À vrai dire, le compte était réglé juste après la soirée d'Illiès. Hier, il a voulu savoir ce que je faisais, à part hôtesse. J'ai répondu que c'était ma vie désormais. Que je la gagnais et que je vivrais ainsi. Il a eu l'air aussi déçu qu'Axelle. Juste après, j'ai reçu un message de Léa qui m'invite à une soirée chez elle samedi. J'ai tardé à répondre avant de dire que je passerais si je ne terminais pas trop tard. Puis j'ai envoyé plein d'émojis débiles comme je fais assez peu. Je me dis qu'une soirée ça peut m'inspirer pour mon livre. Je verrai si j'ai le courage d'y aller.

Ce soir, il y a un apéritif organisé avec les gens de mon stand. Je ne suis pas obligée de rester mais la chef hôtesse nous a fait comprendre qu'il était courtois vis-à-vis du client d'accepter de partager un verre. J'ai repéré l'endroit où je me mettrai. Il y a des tabourets autour d'un bureau central tout en longueur. Je ne peux pas m'asseoir en hauteur mais je peux occuper la place du fond car le décor, derrière moi, fera office de dossier. Je garde en tête que c'est du carton et pas du béton, mais l'intérêt de cet emplacement est aussi de voir la même chose que ce que j'ai regardé toute la journée : un mur avec une porte condamnée. Le fait qu'elle ne s'ouvre pas m'a permis de cramponner mon regard à ses gonds chaque fois que ça dansait sous mes pieds. Comme une danseuse fixant un point pour garder l'équilibre. Je refuse la coupe de champagne qu'on me propose, ainsi que l'eau pétillante qui peut me remonter au cerveau. Je prends un jus d'orange en évitant de le boire, parce que la vitamine C entraîne des palpitations. Il y a un représentant qui me plaît bien depuis le début, parce qu'il me laisse tranquille quand je refuse les déjeuners et qu'il a une tête patibulaire. Il m'invite à rester dîner. Ils vont tous ensemble dans une brasserie, juste après le pot. Une collègue hôtesse a déjà accepté. Elle insiste pour que je vienne avec eux, avec tellement de gentillesse que je me laisse tenter. Ça fait si longtemps que quelqu'un ne m'a pas proposé de me joindre à son groupe sans penser que j'allais encombrer. Personne ne sait ce que je ressens. On me croit juste distante. Ou timide, a dit Joanna. Le truc ridicule, c'est que je suis en déguisement argenté à une seule manche. Mes collègues se changent en arrivant et en repartant. Mais moi, j'évite les trajets compliqués. Je plie mon manteau dans mon cabas. Je le pose dans le vestiaire du stand avec mes baskets à scratchs. J'enfile mes escarpins et je suis prête. Aucun aller-retour, aucun va-et-vient. Je prends mon poste. Donc je n'ai d'autre choix que de partir à la brasserie déguisée en hôtesse, mais ça m'arrange. Le représentant charismatique s'appelle Fred. Il n'a pas un regard qui transperce, il a un regard qui corrode. Dès qu'il me propose la place à côté de lui, je commence à écrire dans ma tête. Il lit le menu. Toujours dans ma tête, je commente l'énoncé des plats soumis à son regard. En face de moi, Joanna a l'air contente. C'est une soirée de fin de salon, et elle a l'habitude d'y aller. Moi, ça fait deux ans que je n'ai pas roulé une pelle à un mec, alors quand c'est l'heure de partir et que Fred me propose de continuer la soirée dans un bar, il y a quelque chose dans son parfum qui me plaît bien.

Nous sommes dans un bar de musique latino. Je me sens assez vite pas du tout dans mon élément. Lui, si. Lui, il a l'air bien parti, sa main dans mes cheveux puis sur ma main, pendant que je repère les issues de secours. À un moment, je dis qu'il faut que je rentre. Du coup, il serre ma main. Logique. Tu dis à un mec je veux rentrer, il serre. Donc tu dégages plus fort et là il t'en veut. Il est tout brillant soudain. Il luit. L'hôtesse en moi prend le dessus. Je ne vais pas me mettre à pleurer pour qu'il me lâche quand même. «Allez on se pousse, on dégage, on quitte son rocher petit mollusque», dis-je à Fred qui me demande de répéter, à cause du bruit. Je me suis relevée. Je me penche pour lui glisser: «Je vais aux chiottes.» Bingo, ça l'excite. Il vient aussi. Alors je fais la mutine. «Non, toute seule, toi tu m'attends là.»

Il faut juste que je récupère mon manteau qui est resté à côté de lui. J'ai mon sac mais pas mon manteau. Par chance, il se lève pour aller au bar. Il me fait signe de loin pour savoir s'il m'en remet un. La classe. Il n'est plus du tout corrosif, il est souriant et plein d'espoir. Un scout. Je dis oui et je récupère mon manteau. Là, c'est la cavalcade. Une fois dans la rue, je sais que je n'ai pas longtemps avant qu'il se rende compte de mon départ. Je hèle un taxi. Ça va me bouffer la moitié de ce que j'ai gagné aujourd'hui, mais je monte dedans. Sauf que je ne sais pas ce qui me prend. Je demande au chauffeur de me déposer chez Léa.

J'arrive à l'étage, la fête bat son plein. Je n'ai même pas réfléchi. Je suis montée en tenant la rampe de l'escalier. Et j'ai encore mes escarpins aux pieds.

26

Ce n'est pas moi qui roule les pelles, c'est l'hôtesse. «J'adore ta combi», m'a dit Stanley. Ce n'est
pas forcément pour cette raison que je l'ai embrassé
mais je me suis convaincue que tant que ça tenait,
je pouvais continuer. *C'est toujours ça de pris,* j'ai
pensé.

– Qu'est-ce qui tenait? Pris sur quoi? Pris à qui?
demande le Dr Mary qui n'a jamais été si loquace.

– Pris. Pris en général. J'embrasse personne. Même
techniquement je veux dire. Je vais avoir vingt ans.
Si je n'embrasse jamais personne, je vais être nulle.

– Nulle?

– Oui, nulle. Techniquement nulle. Ne faites pas
celui qui ne comprend pas. Je ne sais rien faire, je
ne fais pas d'études. Je deviens hôtesse pour gagner
ma vie et je regarde des parois fixes toute la journée

pour être sûre de ne pas avoir de malaise si je tourne la tête vers un élément mobile, donc mon existence est vide. Alors je voudrais au moins savoir rouler des pelles convenablement. Et je profite de mon armure d'hôtesse pour me permettre quelques excentricités.

– Et après ? me demande le Dr Mary.

– Après ? Après on verra, je passerai aux choses sérieuses, mais je commence par les pelles. C'est déjà bien, surtout que parfois c'est franchement pas ragoûtant.

– Et après ?

– Après, je ne sais pas ! Je suis partie quand Stanley s'est serré trop fort. Donc je ne sais pas pour après. Je ne sais pas pour le moment. De toute façon, ce n'est pas moi qui embrasse.

Ça passe très mal avec le Dr Mary en ce moment. Il n'a pas l'air d'apprécier mon comportement. Je dis *comportement* parce que Léa a observé que j'avais eu un drôle de comportement à sa soirée. Mais que les mecs m'avaient adorée. «Tu as vachement changé, tu vas mieux, non ? T'es hyper drôle !» Axelle a dû lui dire de ne plus être sadique, parce qu'elle a précisé : «Quand je dis drôle, c'est que tu étais légère, c'était sympa, ça fait longtemps que je ne t'ai pas vue comme ça !»

Je ne suis pas restée des lustres parce que j'étais fatiguée et que je travaillais le lendemain, mais assez

pour entendre Alban me dire que ma tenue était
«fun». On s'est parlé pour la première fois. Il a eu
l'air étonné que je ne fasse pas d'études. Il a dit que
c'était classe de bosser pour me sortir de mon *truc*.
Et il a ajouté: «Peut-être que ce n'est pas adapté de
dire *truc*, ça ne doit pas être facile pour toi, ça te fait
des malaises, c'est ça?» Je n'ai pas eu le cran de lui
répondre ou de lui parler, alors j'ai fait un sourire
comme sur un stand. Puis j'ai répondu à un type
que je ne connaissais pas et qui a assez vite pris ma
cuisse pour du beurre à battre. «Tu vas finir par filer
ma combi», je lui ai dit pour me sortir de sa glu.
Pensant à Fabienne Pacot Jourdan-Laval, j'ai décliné
avec humour. L'hôtesse fait montre d'esprit. Et puis
un peu plus tard, j'ai finalement roulé une pelle
mais je ne sais pas à qui. Je dansais. Parce que j'ai
dansé. J'étais dos au mur, à cinq centimètres maxi-
mum de la paroi, donc aucun problème pour partir
en arrière et me sentir soutenue. Je me suis dit *OK, tu
es hôtesse de mur, tu dois dansoter trois quarts d'heure*.
J'ai regardé ma montre et j'ai mis le timer. C'était
comme une mission. Mission je danse. Après, j'avais
mission j'accompagne mon intériorité à la porte. Et
mission je la ramène chez elle. Chaque fois que j'ai
senti un flou, j'ai compté sur l'hôtesse. Moi, je n'ai
plus qu'à dormir. J'ai qu'à disparaître pendant ce
temps-là. Et ça marche. Sauf que je suis un aimant

à mecs, a dit Axelle. Alors ça me ralentit dans mes parcours.

Le truc qui me fait penser que j'ai peut-être tort, c'est la tête de Jérôme. Il ne commente pas mon marathon de pelles mais il suggère que je m'en serve pour le livre. «C'est comme si ton corps ne t'appartenait plus, ça peut être intéressant.» Il m'angoisse en ce moment, du coup je refuse de le voir trop souvent. La vérité, c'est qu'en laissant l'hôtesse prendre la tête de la machine, j'arrive à revivre. Je peux aller chez des amis. Je peux même aller faire quelques courses. Je n'enfile pas mon uniforme d'hôtesse avant de sortir, mais je me comporte comme si j'en étais une. Pour tenir le coup à la caisse, si la file d'attente est trop longue, je trouve toujours une petite vieille à qui rendre service. Vider son caddie, remplir ses sacs. Ça me permet de fixer des objets, au rythme du bip-bip des caisses. Quand c'est mon tour, je fais pareil. Mes parents me trouvent plus en forme et ça n'a pas l'air de les inquiéter que je fasse ce métier-là toute ma vie. Ma mère pense même que je pourrais rencontrer quelqu'un de bien, durant un congrès, parmi tous ces toubibs. «Souris et tu vas les faire fondre.» Un bel objectif dans la vie. Mais qu'importe. Parfois, le soir, je vais sur Internet pour regarder des studios. Je me prends à rêver d'en louer un pour moi. J'imagine comment je vais placer mes meubles. Je range mes placards comme si je prépa-rais déjà mes cartons. Fabienne Pacot Jourdan-Laval me fait travailler quasiment six jours sur sept. Elle dit que certaines périodes sont plus creuses, mais elle me booke sur toutes les missions. Je commence à apprécier mes collègues mais je garde le cap : pas d'empathie. Pas de contact. Surtout qu'aujourd'hui la moquette est duraille. Des losanges dans des carrés. Bleu sur bleu. Vertige continu. Quand j'aurai mon studio, je travaillerai pour gagner ce qu'il me faut puis je resterai dedans, enfermée, à être bien.

27

Soirée à l'Opéra. Les hôtesses sont excitées comme si elles étaient les danseuses. Alors qu'on est des rats, pas des petits rats, juste des rats des corridors. On place les gens pour ce spectacle privé. Je pense à mon cours de danse, aux pointes sur lesquelles j'ai cessé de monter quand la terre a tourné. Je n'étais pas très souple mais j'ai toujours gardé en tête que j'allais devenir étoile. C'est ce que je me disais durant chaque cours. La prof va taper dans les mains et dire : « Maureen, j'ai une déclaration à te faire. L'Opéra de Paris te nomme Étoile ! » Applaudissements, bouquet, tutu, tout ça. Et me voilà à présent dans un tailleur noir qui ne sent pas très bon car Fabienne Pacot Jourdan-Laval n'a pas eu le temps d'envoyer les vestes au pressing.

Je suis chargée des loges. Assez vite, un type que j'installe me dit qu'il est seul et que je peux me joindre à lui pour regarder le spectacle. Je lui réponds que je travaille, mais ça n'a pas l'air de le démotiver. «On prend un verre après?» Chasseur de chair fraîche est le seul mot spirituel qui me vient. Il rit. «Fraîche, vous vous vantez dites donc!» Au secours! Qu'est-ce qu'ils sont lourds, les vieux et leur ballet de poncifs et de regards de presbyte par-dessus les lunettes. L'hôtesse autour de moi tient bon. Même quand le spectacle commence et que ma chef, qui a repéré le siège vide à côté du type, m'ordonne de m'y asseoir mais de me tenir dans le couloir cinq minutes avant la fin de la représentation. Dans trente-cinq minutes.

Je me retrouve seule avec le gars dans cette toute petite loge. Au début, rien. Et puis soudain, il gigote sur le fauteuil pour le rapprocher du mien. La robot-machine-hôtesse se lève parce qu'elle sent qu'il va la coincer. Ça pue cette affaire. La chef lui a demandé de s'asseoir mais elle se lève parce que c'est de la survie. Le mec attrape ma main. Il pose déjà sa bouche sur mes doigts. Non mais on est où là? Normalement, j'ai le droit de gueuler pour arrêter le spectacle. Je peux même crier «Au feu!» comme m'a appris maman parce qu'«Au viol!» fait si peur aux gens qu'ils n'interviennent pas. Mais la robot-machine-hôtesse ne crie pas, garde son calme et reste debout à côté du gars qui remonte sa main sous sa jupe, dans son dos, et tire sur le collant pour passer dessous. Échoue une fois. Bruit d'élastique. Recommence. Et l'hôtesse ne bouge toujours pas. Elle regarde Paquita danser. Le gars est repassé par-dessus le collant, trop compliqué à virer en restant assis. Il met sa main entre ses jambes, les siennes à lui. L'hôtesse regarde la scène du théâtre sans baisser les yeux. Elle reste stoïque, debout face au spectacle, tandis que le type est dégueulasse. Il lui reprend la main, la caresse, et passe sous sa manche pour toucher la peau de son bras. Elle fixe, toujours paralysée, le décor derrière Paquita. Pendant la variation et les grands jetés. Pendant le pas de deux de Lucien et de Paquita. Le gars retire sa main pour sortir un kleenex de sa poche. À l'intérieur, je me mets à gueuler, mais la machine-robot-hôtesse est figée autour de moi. Je l'insulte, je lui dis de ne pas me laisser là, à côté de ce type qui repose encore sa main libre en haut de ma jupe. Mais mes jambes n'arrivent pas à fuir.

Je pense à mon livre. Je me dis que les pirouettes de la danseuse vont faire partie de la tresse. Il y aura la beauté qui me sauve avec les yeux, tandis que le gars termine sa besogne. Je me dis que l'hôtesse est avec lui. Qu'elle a changé de camp. Elle ne me protège plus du tout. Elle reste inerte, parce que c'est une armure décorative. Elle est fixée au sol. Il faut en sortir par quelques entrechats. Déchirer le voile pour sauver ma peau. L'hôtesse regarde sa montre. Elle est capable de bouger le bras, même quand on lui tripote une cuisse. Sauf que sa vision est floue. Il y a la pénombre et autre chose. Des larmes ? Son nez coule. Elle sent un drôle de goût dans sa bouche. Elle s'est mordue.

*Paquita* dure quarante minutes. C'est bientôt fini. Le type le sait lui aussi, car il dit : « Allez, aide-moi, sois mignonne, j'y arrive pas tout seul. » Il serre son poignet pour que l'hôtesse s'incline et il lui parle à l'oreille. Donc l'armure s'incline. À l'intérieur, je suis comme un morceau d'élastique. Le truc blanc dans l'anneau de calamar frit. Il tire encore sur mon bras pour que ma main arrive là où il veut. L'hôtesse maintient sa position inclinée mais ne descend pas plus bas.

À l'intérieur, je me débats. Il n'y a plus de voile, je me fiche du vertige. Je veux sortir. Alors j'arrache ma main et je sors. Dans le couloir, je cours, je descends dans le hall. Je croise la chef hôtesse qui me demande ce que je fais là, et de vite remonter, pour guider les invités vers la salle de cocktail. Je lui raconte que le type de ma loge est un porc. Elle comprend et me place dans le hall. « Je m'en occupe. »

Je suis dans le hall de l'Opéra, au pied de l'escalier ornemental. Je vais peut-être le voir descendre mais je ne sais pas si je saurai reconnaître autre

155

chose de lui que le haut d'un crâne mal garni. J'ai tellement mordu ma joue qu'elle saigne encore. Le voile est très épais. Je tangue mais je reprends ma méthode. Je demande à l'hôtesse de compter avec moi. Un, je plante mes pieds dans le sol comme des racines. Deux, je tiens délicatement la rampe, sans m'y appuyer. Trois, je fixe un point immobile dans le décor et je m'y soutiens. En passant devant moi pour sortir de l'Opéra, le type glisse sa carte de visite dans ma poche. J'ai son nom. Il n'a donc même pas peur que je raconte ce qu'il a fait. Il est dans son bon droit. «A bientôt mademoiselle», ajoute-t-il. Je n'ai pas l'esprit d'hôtesse pour lui répondre. Je fixe un décor. Et c'est tout. Je suis un décor et c'est tout. Je tiens le décor et ça me suffit. Voilà à quoi ont servi mes efforts. Quand la chef me dit que je peux partir, je regarde mes pieds. Je vois le mouchoir que j'ai chiffonné dans ma main. Déchiré au sol, sous les reflets de la nuit et des ombres, on dirait une petite armure en miettes.

28

Ma mère trouve que j'arrête toujours tout. C'est dommage. C'est du gâchis. La danse, le tennis, l'escrime, le dessin, le piano. « Ce n'est pas parce qu'un vieux te fait des avances qu'il faut te braquer. Tire toujours le positif d'une situation. Cet incident te prouve déjà que tu es ravissante quand tu t'arranges. Le soir de l'Opéra, tu étais superbe, tu en ris mais il t'allait très bien ce tailleur. La broche de couleur te rehaussait le teint. Et puis tu n'as pas paniqué. Tu t'es tenue. Et il ne t'a rien fait au final. Donc prends-le comme un événement positif. Retourne la situation en ta faveur même si cet homme est un indélicat. »

Mon père, lui, m'a demandé le nom du *connard* pour le googliser. Il ne m'a pas rendu sa carte de visite comme s'il avait peur que ça me laisse un souvenir.

À mes parents, je n'ai pas détaillé le déroulé de tout l'opéra. J'ai juste dit que le vieux m'avait pelotée comme un gros cochon après m'avoir proposé de partager sa loge. «Mais tu ne vas pas chez les flics?» m'a demandé Alex qui est la seule personne normale de cette famille finalement. Personne ne me croira. Personne n'a rien vu. Il m'a donné sa carte. Ça va retomber aux oreilles de Fabienne Pacot Jourdan-Laval qui ne me proposera plus de travail. Or je veux partir vivre seule, dans un studio. Je montre à Alex les annonces que j'ai repérées. Il y en a un pas très loin d'ici qui me plairait bien. «Pourquoi on ne prend pas une coloc?» me dit mon frère. Mais moi, j'ai envie de vivre seule. «Il va juste falloir que tu voies si tu veux vivre avec cette hôtesse ou pas», me dit Jérôme qui est l'autre personne normale dans ma vie. Je l'ai appelé en rentrant de l'opéra. L'agence m'a payé le taxi retour et je pleurais pendant le trajet. Jérôme m'attendait devant chez moi. Il était tellement concret, comme un rocher au pied de mon immeuble, se précipitant pour m'ouvrir la porte de la voiture, que ça m'a fait à nouveau regretter qu'il ne me plaise pas. Un homme comme ça en bas d'une maison, ça doit faire du bien.

Nous avons fait quelques pas, même un peu plus. Je tenais son bras pour le remercier d'être venu, mais pas pour me tenir. Et je m'en suis rendu compte au bout d'un moment, alors je l'ai lâché. On a traversé le pont, j'ai senti du flou mais comme un foulard en soie. J'étais fragile mais plus au point de me ratatiner.

– Je fais n'importe quoi en ce moment. Je me jette sur les mecs. Il a dû le sentir, le vieux, que je suis en vrac. Et il en a profité. Mais depuis que je suis hôtesse, je suis une machine.

– C'est une bonne technique. Ce n'est pas si bête pour tenir. Mais il va falloir faire ressortir un peu de sensibilité. Sinon ça devient dangereux, ton truc.

– Si je suis seulement moi, je ne peux rien affronter. Je suis une toute petite chose flippée. Je n'ai trouvé que ça pour ressortir de chez moi. Je me suis laissé recouvrir par une autre qui s'occupe de l'apparence.

– Oui, mais tu es tout sauf une apparence. Tu es une personne. Donc cette hôtesse t'a aidée à faire plein de choses : ressortir, travailler, affronter la foule. Maintenant c'est à ton tour d'aider quelqu'un.

– Qui ?

– Le problème, c'est que tu as remplacé une prison par une autre. Si je peux me permettre, la première version de toi était plus humaine. Laisse-la vivre, prends-la par le bras, montre-lui. Prends soin d'elle au lieu de la mettre en danger en lui faisant croire qu'elle a une carapace inébranlable.

On s'est assis sur un banc. C'était tellement romantique que j'étais triste pour lui. Mes larmes, la nuit, le bruit sourd des voitures filant à l'infini, et nous deux sur un banc, comme des amoureux en fuite. J'étais paniquée à l'idée qu'il essaie de m'embrasser. Je me suis dit que refuser serait trop méchant. Mais il n'a rien essayé. Et il a tapoté mon épaule comme un vieux frère.

– C'est une enfant que tu as à l'intérieur. Une sorte de mini-Maureen. Parfois, elle a peur, elle crie, elle se sent mal, elle te le signale, mais tu ne veux pas l'entendre. Écoute-la, c'est une belle compagnie tu sais.

– Pourquoi elle m'empêche d'avancer alors ?

– Parce qu'elle n'est pas prête. Elle proteste. Elle ne veut pas être séparée de toi. Elle sera prête quand tu lui donneras la main. Tu l'écrabouilles en per-manence. Fais-lui la place. Montre-lui comment se détacher de l'enfance mais pas de toi. Elle a le droit d'exister, elle a le droit de t'envahir.

– Tu veux toujours faire psy l'année prochaine ?

Jérôme rit et me ramène en bas de chez moi. Je lui propose un cinéma pour le lendemain. Il propose de choisir le film. Il lève sa main en guise d'au revoir et file de dos, comme un albatros, dans son imper trop grand pour lui.

J'ai arrêté de pleurer. Je prends mon cahier de

coloriage mais il est terminé, je n'ai plus de place pour écrire, alors je m'arme d'un paquet de feuilles blanches et je commence. *J'habite une cage invisible. J'ai moi-même dessiné ses contours afin de me protéger de mon cerveau. Il ne fait pas la différence entre le réel et l'imaginaire, alors la moindre émotion le retourne contre moi. Je souffre d'agoraphobie, doublée d'un TAG, mais pas un tag sur un mur de la fac où quelqu'un aurait écrit « Maureen pue des neurones », non, un TAG qui signifie que mon cerveau me maltraite. Pourtant, si j'appelle le 3020 pour dénoncer un harcèlement, on me demandera de ne pas recommencer. Ce numéro a pour vocation de sauver des personnes véritablement menacées.*

. *29*

Je n'aime pas le mot « accueillir ». Je n'aime pas le mot « protéger ». Il y a des refuges sans accueil. Juste quatre murs qui tiennent debout et un toit qui garde à l'abri. Mon refuge n'est ni une carapace ni un bunker antiatomique. C'est quelque chose comme un geste, qui porte, oublie ou retient. Je marche en tenant mon enveloppe par la main. Ça y est, je suis sous le panneau « La Poste ». Je me revois devant les sapins de Noël ou les vitrines de jouets, les bords de mer, les chatons et les flocons de neige. Non, c'est faux, je ne me suis jamais émerveillée devant quoi que ce soit sans éprouver en même temps une immense peine. Je ne comprends rien au bonheur sans chagrin. Je n'abandonnerai ni l'un ni l'autre. J'ai vingt ans.

– Tu ne vas pas me laisser là ? murmure quelqu'un

qui n'est ni une squatteuse, ni une hôtesse, ni une carapace, mais une mini-Maureen.

– Non, tu viens avec moi.

La mini-Maureen regarde le bâtiment gigantesque devant lequel je ne pouvais plus passer. Je partage sa fierté. On poste mon paquet. C'est dans la boîte. Allez, en route, j'ai un rendez-vous. Quand j'arrive, à pied, chez le Dr Mary, il me laisse me taire. Au bout d'un quart d'heure, il dit :

– Vous n'avez plus besoin de venir ici.

C'est comme une gifle. Je n'ose pas lui demander s'il a lu mon manuscrit depuis la dernière séance. Je le lui ai confié la semaine dernière. En une semaine, a-t-il eu le temps ? La mini-Maureen, à l'intérieur, tremble et jubile à la fois. Elle comprend avant moi.

– Vous me virez, c'est ça ? Mais si je n'étais pas prête ? Vous me virez vraiment ?

– La porte est ouverte si jamais vous vouliez revenir un jour, mais vous n'avez plus besoin de venir ici, répète le Dr Mary.

Il se lève. C'est difficile de lui serrer la main, de dire au revoir à la première porte, à celle du vestiaire, puis à celle de l'entrée. Je le remercie plusieurs fois. Le Dr Mary remue la tête comme pour dire non, enfin je crois. Quand il referme derrière moi sans attendre que je sois arrivée à l'ascenseur, je veux sonner pour lui réclamer un sursis, lui dire que ses fauteuils sont moches, que je déteste le bordeaux mais que l'acajou brillera dans mon cœur jusqu'à mon cercueil. Ça tangue encore beaucoup tout de même. Je ne suis pas guérie. Et puis… Est-ce que ça avait un sens, sa cravate ? L'otarie, c'était moi ? Ou bien j'étais le ballon ? J'ai encore plein de questions à lui poser. Et otarie ou phoque ? Je ne veux pas m'en aller. Et puis je me ravise. Je dois montrer l'exemple à la mini-Maureen, et ne pas sonner maintenant à cette porte muette. Le silence parle beaucoup plus fort et surtout plus longtemps. Je ne sonnerai pas. Je pars. C'est agréable de prendre la tête de sa pensée. J'étais la cravate si ça se trouve. C'est moi qui le tenais par le cou ! J'ai toute la vie pour y penser. Je me sens joyeuse soudain. Il n'y a pas de chagrin après.

En arrivant, j'ai évité l'avenue, j'ai traversé plus loin en tenant la main de la mini-Maureen. J'ai attendu dans le hall blanc, suivi du doigt les veines du marbre comme des jets d'encre et j'ai pensé que c'était inspirant. Puis débile. L'humour est bien revenu. Je marche cette fois pour repartir, au milieu du couloir, sans frôler les murs. J'ai laissé trop de peau contre des portes inconnues et des murs sales. J'appelle l'ascenseur. Est-ce que le Dr Mary a lu mon livre ? Est-ce pour cette raison qu'il me vire ? Alors, les têtes se reflétant à l'infini dans les miroirs de l'ascenseur apparaissent et me répondent: Et toi, qu'est-ce que tu en penses, toi? Au milieu de cette foule, je ne me sens pas encerclée mais portée. Je suis grande. Je suis même bien au centre, la plus grande de toutes.

Je voudrais être mon manuscrit. Voyager, sans doute déjà dans le camion de la Poste, puis chez un éditeur. Peut-être qu'il le lira, lui, elle, et m'appellera un jour en me disant: «Venez, on aimerait vous rencontrer.» Alors j'aurai des ailes. D'ici là, je vais leur apprendre à pousser. Elles sauront me porter, elles, hors des barreaux de ma cage invisible, moi dedans, laissant parfois la grille s'écarter pour certains. Je ne sais pas encore comment on s'y prend pour sélectionner ses proches. Je compte demander son avis à ma sensibilité. Et vous, qu'est-ce que vous en pensez?

scripto

Laissez-vous surprendre et emporter
par vos émotions...

**Glaise**
David Almond

**Le Jeu de la mort**
David Almond

**Le Cracheur de feu**
David Almond

**Imprégnation**
David Almond

**Douze heures avant**
Gabriella Ambrosio

**Feuille de verre**
Kebir M. Ammi

**Interface**
M. T. Anderson

**Becket ou l'Honneur de Dieu**
Jean Anouilh

**L'Alouette**
Jean Anouilh

**Thomas More ou l'Homme libre**
Jean Anouilh

**La Fille du monstre**
Florence Aubry

**Golden Valley**
Gaël Aymon

**Ne fais pas de bruit**
Kate Banks

**Amis de cœur**
Kate Banks

**Le Muet du roi Salomon**
Pierre-Marie Beaude

**La Maison des lointains**
Pierre-Marie Beaude

**Leïla, les jours**
Pierre-Marie Beaude

**Quand on est mort, c'est pour toute la vie**
Azouz Begag

**Garçon ou fille**
Terence Blacker

**Zappe tes parents**
Terence Blacker

**Fil de fer, la vie**
Jean-Noël Blanc

**Tête de moi**
Jean-Noël Blanc

**La Couleur de la rage**
Jean-Noël Blanc

**Chante, Luna**
Paule du Bouchet

**68 année zéro**
Paule du Bouchet

**À la vie, à la mort**
Paule du Bouchet

**Mon amie, Sophie Scholl**
Paule du Bouchet

**Je vous écrirai**
Paule du Bouchet

**Pâquerette**
Gaston Boyer

**La Théorie de l'iceberg**
Gaston Boyer

**24 filles en 7 jours**
Alex Bradley

**Scarlett Epstein rate sa vie**
Anna Breslaw

**Spirit Lake**
Sylvie Brien

**L'Algérie ou la Mort des autres**
Virginie Buisson

**Junk**
Melvin Burgess

**Lady**
Melvin Burgess

**Le Visage de Sara**
Melvin Burgess

**Kill All Enemies**
Melvin Burgess

**La Dose**
Melvin Burgess

**Le Rêve de Sam**
Florence Cadier

**Les Gitans partent toujours de nuit**
Daniella Carmi

**Qu'est-ce qu'on fout ici ?**
Shaïne Cassim

**River**
Claire Castillon

**Les Longueurs**
Claire Castillon

**Les Rêves rouges**
Jean-François Chabas

**L'Arbre et le Fruit**
Jean-François Chabas

**Mauvaise graine**
Orianne Charpentier

**Rage**
Orianne Charpentier

**Après la vague**
Orianne Charpentier

**La Vie au bout des doigts**
Orianne Charpentier

**Confessions d'une catastrophe ambulante**
Emma Chastain

**Lettre à mon ravisseur**
Lucy Christopher

scripto

**Attraction mortelle**
Lucy Christopher

**Max**
Sarah Cohen-Scali

**Bonnes vacances**
Collectif

**La Première Fois**
Collectif

**De l'eau de-ci de-là**
Collectif

**Va y avoir du sport!**
Collectif

**Le Jour où j'ai osé**
Collectif

**La Mémoire trouée**
Élisabeth Combres

**Souviens-toi**
Élisabeth Combres

**Sans prévenir**
Matthew Crow

**Coup de chance
et autres nouvelles**
Roald Dahl

**Ce voyage**
Philippe Delerm

**Le Printemps des oiseaux
rares**
Dominique Demers

**Au nom de Chris**
Claudine Desmarteau

**Cher inconnu**
Berlie Doherty

**La Parole de Fergus**
Siobhan Dowd

**Sans un cri**
Siobhan Dowd

**Où vas-tu, Sunshine?**
Siobhan Dowd

**French ski**
Tom Ellen, Lucy Ivison

**Dis-moi qu'il y a un ouragan**
Fabrice Émont

**On ne meurt pas,
on est tué**
Patrice Favaro

**Que cent fleurs
s'épanouissent**
Jicai Feng

**Le Feu de Shiva**
Suzanne Fisher Staples

**Afghanes**
Suzanne Fisher Staples

**La Fille de Shabanu**
Suzanne Fisher Staples

**Ce que tu m'as dit de dire**
Marcello Fois

scripto

**Jours de collège**
Bernard Friot

**Voyage à trois**
Deborah Gambetta

**Où est passée
Lola Frizmuth?**
Aurélie Gerlach

**Qui veut la peau
de Lola Frizmuth?**
Aurélie Gerlach

**La Légende
de Lee-Roy Gordon**
Aurélie Gerlach

**Qui es-tu, Alaska?**
John Green

**La Face cachée de Margo**
John Green

**Will et Will**
John Green
et David Levithan

**It**
Catherine Grive

**Ce que toujours veut dire**
Lexa Hillyer

**L'été où je suis né**
Florence Hinckel

**Incantation**
Alice Hoffman

**La Prédiction**
Alice Hoffman

**Boulevard du Fleuve**
Yves Hughes

**Polar Bear**
Yves Hughes

**Septembre en mire**
Yves Hughes

**Vieilles neiges**
Yves Hughes

**Mamie mémoire**
Hervé Jaouen

**Une fille à la mer**
Maureen Johnson

**Suite Scarlett**
Maureen Johnson

**Au secours, Scarlett!**
Maureen Johnson

**La Bête**
Ally Kennen

**Déchaîné**
Ally Kennen

**Tout pour se déplaire**
Jen Klein

**Haïti, soleil noir**
Nick Lake

**Les Valises**
Sève Laurent-Fajal

**Nos Cadavres d'étoiles**
Zoé Le Priol

Scripto

**La Fille sous cellophane**
Marie Leymarie

**Dans tes bras**
David Levithan

**Des pas dans la neige**
Erik L'Homme

**15 ans, welcome to England!**
Sue Limb

**15 ans, charmante mais cinglée**
Sue Limb

**16 ans ou presque, torture absolue**
Sue Limb

**16 ans, S.O.S. chocolat!**
Sue Limb

**Un papillon dans la peau**
Virginie Lou

**Run Billie**
Claire Loup

**Enfer et Flanagan**
Andreu Martín
et Jaume Ribera

**13 ans, 10 000 roupies**
Patricia McCormick

**Ne tombe jamais**
Patricia McCormick

**Sobibór**
Jean Molla

**Silhouette**
Jean-Claude Mourlevat

**Bouche cousue**
Marion Muller-Colard

**Le ciel est partout**
Jandy Nelson

**La Vie blues**
Han Nollan

**Un été algérien**
Jean-Paul Nozière

**Bye-bye, Betty**
Jean-Paul Nozière

**Maboul à zéro**
Jean-Paul Nozière

**Là où dort le chien**
Jean-Paul Nozière

**Le Ville de Marseille**
Jean-Paul Nozière

**Mortelle mémoire**
Jean-Paul Nozière

**Camp Paradis**
Jean-Paul Nozière

**Zarbie les yeux verts**
Joyce Carol Oates

**Sexy**
Joyce Carol Oates

**Les Confidences
de Calypso**
Romance royale - 1
Trahison royale - 2
Duel princier - 3
Mariage princier - 4
Tyne O'Connell

**Trois Filles en colère**
Isabelle Pandazopoulos

**Double Faute**
Isabelle Pandazopoulos

**On s'est juste embrassés**
Isabelle Pandazopoulos

**La Décision**
Isabelle Pandazopoulos

**Demandez-leur la lune**
Isabelle Pandazopoulos

**Là-bas**
Leonardo Patrignani

**Sur les trois heures
après dîner**
Michel Quint

**Arthur, l'autre légende**
Philip Reeve

**Mon nez, mon chat, l'amour
et... moi**
Le Journal intime
de Georgia Nicolson - 1
Louise Rennison

**Le bonheur est au bout
de l'élastique**
Le Journal intime
de Georgia Nicolson - 2
Louise Rennison

**Entre mes nunga-nungas mon
cœur balance**
Le Journal intime
de Georgia Nicolson - 3
Louise Rennison

**À plus, Choupi-Trognon**
Le Journal intime
de Georgia Nicolson - 4
Louise Rennison

**Syndrome allumage
taille cosmos**
Le Journal intime
de Georgia Nicolson - 5
Louise Rennison

**Escale au Pays-
du-Nougat-en-Folie**
Le Journal intime
de Georgia Nicolson - 6
Louise Rennison

**Retour à la case égouttoir
de l'amour**
Le Journal intime
de Georgia Nicolson - 7
Louise Rennison

**Un gus vaut mieux
que deux tu l'auras**
Le Journal intime
de Georgia Nicolson - 8
Louise Rennison

scripto

**Le coup passa si près que le félidé fit un écart**
Le Journal intime
de Georgia Nicolson - 9
Louise Rennison

**Bouquet final en forme d'hilaritude**
Le Journal intime
de Georgia Nicolson - 10
Louise Rennison

**Je serai vivante**
Nastasia Rugani

**Je m'appelle Marie**
Jacques Saglier

**Je reviens**
Marie Saint-Dizier

**Chanson pour Éloïse**
Leigh Sauerwein

**Fans de la vie impossible**
Kate Scelsa

**Ce qu'ils n'ont pas pu nous prendre**
Ruta Sepetys

**Big Easy**
Ruta Sepetys

**Le Sel de nos larmes**
Ruta Sepetys

**Guadalquivir**
Stéphane Servant

**Miette-de-Lune**
Nicky Singer

**Rock Addict**
C. J. Skuse

**Mauvais plans**
C. J. Skuse

**Poussière rouge**
Gillian Slovo

**Sans abri**
Robert Swindells

**Le Gang des Vieux Schnocks**
Florence Thinard

**La Vie en rouge**
Anne Thiollier

**Les Révoltés d'Athènes**
Mathilde Tournier

**Le Maître de la Grèce**
Mathilde Tournier

**Championnes**
Mathilde Tournier

**Rendez-vous en septembre**
Anne Vantal

**Cool de chez cool**
Ned Vizzini

**La Guerre des rêves**
Catherine Webb

**L'enfant qui savait tuer**
Matt Whyman

**Porte-poisse**
Margaret Wild

**Avez-vous vu Zachary Beaver ?**
Kimberly Willis Holt

**Kiss**
Jacqueline Wilson

**Toute la beauté du monde n'a pas disparu**
Danielle Younge-Ullman

scripto

Le papier de cet ouvrage est composé de fibres naturelles,
renouvelables, recyclables et fabriquées à partir de bois provenant
de forêts gérées durablement.

Loi n° 49-956 du 16 juillet 1949
sur les publications destinées à la jeunesse

Mise en page : Françoise Pham

ISBN : 978-2-07-519639-0
Numéro d'édition : 600824
Dépôt légal : février 2024

Imprimé en Italie par ⟨logo⟩ Grafica Veneta